초등학생이라면 이것만은 꼭!

# 초등 필수 백과

글 **제인 파커 레스닉 외 그림** 토니 탈라리코
**번역** 곽정아  **감수** 박완규, 조한욱

KB204382

# 목차

나도 읽고
똑똑해질래!

재미있는 초등 필수 백과다!

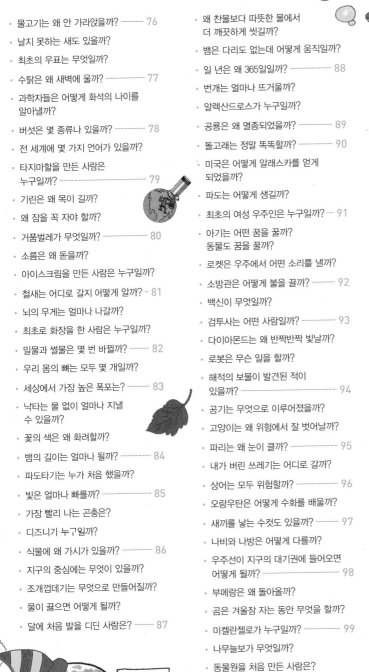

알찬 정보가 한가득!

우리 아기들에게도 읽어 줘야겠어.

즐겁게 배워요!

나도 이제
척척박사야!

저도 얼른 읽어야겠어요.

아주 똑똑해진
느낌이야!

내가 먼저
읽을래!

내가 먼저
읽을 거야!

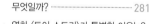

삐리삐리리!
대단한 백과다!

# 전 세계 인구는 모두 몇 명일까?

2011년 10월 31일, 전 세계 인구가 70억 명을 돌파했어요. 2025년에는 80억 명, 2050년에는 90억 명으로 늘어날 거래요. 굉장히 많지요?

## 바다와 대양은 뭐가 다를까?

대양은 대륙과 대륙 사이에 있는 아주 큰 바다를 말해요. 세계에서 가장 큰 대양 다섯 개를 '오대양'이라고 하는데 이는 대서양, 태평양, 인도양, 남극해, 북극해랍니다. 보통 우리가 말하는 동해나 서해 같은 바다는 대양의 한 부분에 속하지요.

## 세상에서 가장 키가 큰 나무는?

미국 캘리포니아 주 레드우드 국립 공원에 있는 아메리카 삼나무 예요. '히페리온'이라는 이름이 붙은 이 나무는 2006년 여름에 발견되었고, 높이는 무려 115미터가 넘어요. 아파트 40층 정도 높이랍니다.

## 스컹크의 방귀는 왜 지독할까?

위험할 때 내뿜는 방귀는 스컹크의 가장 큰 무기예요. 스컹크의 방귀는 항문 옆에 있는 분비샘에서 나오는 누르스름한 액체로, 부틸 메르캅탄 성분이 들어 있어 냄새가 아주 지독하다고 해요. 스컹크는 이 냄새를 3~4미터 밖까지 퍼뜨릴 수 있어요.

파닥파닥!

## 벌새는 날개를 얼마나 빨리 움직일 수 있을까?

벌새는 털 달린 동물 중 가장 작지만 알록달록하고 예쁜 깃털을 가지고 있지요. 또 벌새는 날개를 가장 빨리 움직이는 새랍니다. 초고속 카메라로 촬영해서 세어 보니 1초에 50~70번이나 날갯짓을 한대요. 게다가 벌새는 뒤로 날 수도 있어요.

## 네스 호에는 정말 괴물이 살고 있을까?

1933년에 한 부부가 스코틀랜드의 네스 호에서 공룡처럼 생긴 괴물을 보았다고 주장했어요. 그 후로도 네스 호의 괴물 '네시'를 보았다는 사람은 3,000명이 넘었지만 정말로 괴물이 있는지는 아직도 밝혀지지 않았어요.

드르렁 드르렁!

## 사람은 왜 코를 골까?

숨을 쉴 때 코로 들어온 공기는 입천장과 목젖을 지나요. 그런데 잠을 잘 때는 목젖의 근육이 깨어 있을 때보다 늘어져 있기 때문에 공기가 지나가는 통로가 좁아지지요. 그래서 공기가 지나갈 때 목젖이 떨리고 소리가 나는데 그게 바로 코 고는 소리예요. 입을 벌리고 숨을 쉬면 목젖이 더 많이 울려 더 크게 코를 골게 되고, 뚱뚱하거나 목젖이 큰 사람은 공기가 들락거리는 통로가 더 좁아서 코골이가 심할 수 있어요.

에-취!

## 재채기를 왜 할까?

코는 먼지나 세균 같은 이물질이 안으로 들어오는 것을 바로 느껴요. 재채기하는 것은 이런 이물질을 없애기 위해서예요. 코를 통해 공기를 한꺼번에 많이 내보내면서 먼지도 같이 털어 내는 것이지요.

하하하!
호호호!
아, 간지러워!

## 발은 왜 특히 간지럼을 잘 탈까?

간지럼은 피부로 느끼는 촉각 중 하나예요. 몸을 간질이면 간지러움을 느끼고 뇌에 신호를 보내지요. 발바닥은 촉각이 특히 예민한 부분이라 간지럼을 더 잘 느낀답니다. 심하게 간지럼을 태우면 고통을 느끼게 돼요. 그래서 옛날 그리스에서는 사람을 고문할 때 간지럼을 태우기도 했대요.

## 세상에서 가장 큰 다이아몬드는?

보석을 재는 단위는 캐럿으로, 1캐럿은 약 0.2그램이에요. 지금까지 발견된 다이아몬드 중 가장 큰 것은 '컬리넌 다이아몬드' 원석이에요. 이 다이아몬드는 남아프리카 광산에서 나왔는데, 자그마치 3,106캐럿이나 되었어요. 약 620그램으로, 고기 한 근 무게랍니다.

# 문어는 왜 먹물을 뿌릴까?

문어는 위험에 처하면 몸속에 저장된 진한 검은색 먹물을 뿌려요. 이 액체는 물속에서 바로 흩어지지 않고 구름처럼 둥둥 떠다니며 마치 문어 자신처럼 보이는 형체를 만들어요. 또 이 먹물은 아주 고약한 냄새가 난답니다. 먹물을 뿌린 틈을 타 재빨리 도망가는 것이 문어의 작전이지요.

# 피자는 누가 처음 만들었을까?

맛있는 피자!

피자는 약 500년 전에 이탈리아 나폴리에서 처음 만들어졌는데, 누가 만들었다고 할 수 없을 만큼 나폴리 근처에 사는 사람이라면 모두가 즐겨 먹는 음식이었어요. 그러다 어느 날 나폴리의 한 공작이 피자 위에 여러 재료를 얹으면서 지금처럼 유명해졌지요.

끔뻑끔뻑!

# 어두우면 왜 아무것도 안 보일까?

물체에 반사된 빛이 눈동자를 통해서 눈으로 들어오면 눈 뒤쪽 벽인 망막에 물체의 모양이 맺혀요. 그러면 뇌는 우리가 보고 있는 것을 감지하지요. 빛이 없으면 망막에 물체의 모양이 맺힐 수 없어 아무것도 보이지 않아요.

# 초능력이 무엇일까?

사람의 기본적인 다섯 가지 감각은 보고, 듣고, 냄새 맡고, 맛보고, 만지는 거예요. 이 다섯 가지 감각을 모두 동원해도 알 수 없는 것을 알아내는 신기한 능력이 바로 초능력이지요.

# 거미는 왜 곤충이 아닐까?

곤충의 다리는 여섯 개인데 거미는 여덟 개예요. 곤충에겐 더듬이가 있지만, 거미는 없지요. 곤충의 몸통은 세 부분으로 나뉘어 있지만, 거미는 둘로 나뉜답니다. 또 거미는 곤충이 만들지 못하는 거미줄을 만들지요.

# 네 잎 클로버는 왜 행운을 상징할까?

나폴레옹이 전쟁 중에 우연히 세 잎 클로버 속에 섞여 있는 네 잎 클로버를 발견했어요. 네 잎 클로버가 신기해서 허리를 굽혀 자세히 들여다보는 순간 나폴레옹의 머리 위로 총알이 날아갔대요. 그때 나폴레옹이 허리를 굽히지 않았다면 아마 크게 다쳤거나 목숨을 잃었겠지요. 그때부터 네 잎 클로버는 행운을 상징하게 되었답니다.

# 구름은 어떻게 생길까?

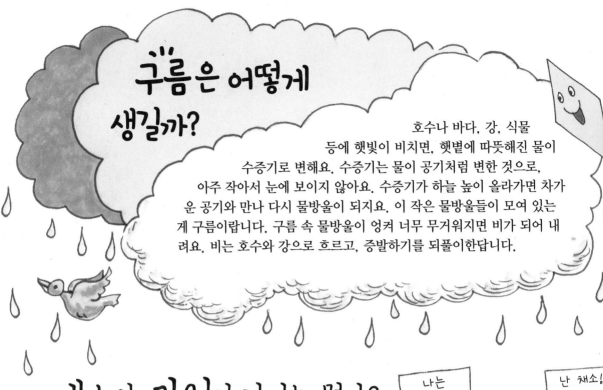

호수나 바다, 강, 식물 등에 햇빛이 비치면, 햇볕에 따뜻해진 물이 수증기로 변해요. 수증기는 물이 공기처럼 변한 것으로, 아주 작아서 눈에 보이지 않아요. 수증기가 하늘 높이 올라가면 차가운 공기와 만나 다시 물방울이 되지요. 이 작은 물방울들이 모여 있는 게 구름이랍니다. 구름 속 물방울이 엉켜 너무 무거워지면 비가 되어 내려요. 비는 호수와 강으로 흐르고, 증발하기를 되풀이한답니다.

# 채소와 과일의 차이는 뭘까?

채소는 한해살이풀의 열매예요. 대표적인 채소로는 토마토, 오이, 수박, 콩, 옥수수 등이 있어요. 과일은 여러해살이 나무나 여러해살이풀의 열매로 사과, 배, 밤, 포도, 바나나 등이 있지요.

나는 과일이야.

난 채소!

# 에디슨의 발명품은 모두 몇 개일까?

미국의 위대한 발명가 토머스 에디슨(1847~1931)이 발명하고 특허를 낸 발명품은 무려 1,093가지나 된답니다. 그중에서도 가장 유명한 발명품은 녹음한 소리를 들을 수 있는 축음기와 오랫동안 빛을 내는 백열전구예요.

# 스톤헨지가 무엇일까?

스톤헨지는 기원전 3100~기원전 1600년경
영국 남부 지방에 세운 고대의 기념물이에요.
커다란 돌들이 둥그렇게 세워져 있답니다. 가장 큰 돌은
높이가 7미터, 무게는 45톤이 넘어요. 어디에 쓴 돌인지 정확히 밝혀지지
않았지만, 해와 달의 움직임을 관찰하고 달력을 만드는 데 썼을
거라는 이야기가 있어요.

## 뜨거운 물을 마시는 건 괜찮은데 왜 만지면 화상을 입을까?

뜨거운 물을 마실 때는 공기가 함께 들어와 물을 식혀 줘요. 침이 섞이면 더욱 빨리 식지요. 하지만 피부에 닿으면 뜨거움이 그대로 전해지기 때문에 화상을 입는답니다.

## 생일 축하 노래는
### 누가 만들었을까?

학교 선생님인 밀드레드 힐과 패티 힐 자매가
1893년에 '좋은 아침이에요(Good Morning to
All).'라는 곡을 썼어요. 이 노래는 인기를 끌지
못했는데, 누군가가 가사를 '생일 축하합니다
(Happy Birthday to You).'로 바꾼 후에 아주
유명해졌어요.

# 잉카 문명이 무엇일까?

15~16세기에 지금의 남아메리카 지역인 페루, 칠레, 에콰도르 근처에서 발달한 문명을 말해요. 잉카 인은 도자기와 의상, 뛰어난 공학 기술로 유명해요. 고산 지대에 살았기 때문에 계단식 밭에 농사를 짓고 돌다리와 터널까지 만들었어요. 또 산꼭대기에 '마추픽추'라는 발달한 도시를 건설했어요. 산 아래에서는 이곳이 보이지 않아 '공중 도시'라고도 불렸지요.

안녕, 우리 집에 갈래?

# 개미는 몇 마리가 함께 살까?

개미는 무리 지어 함께 살아가는 곤충이에요. 어떤 개미집에는 10마리만 함께 살고, 어떤 개미집에는 수천만 마리가 함께 살기도 해요. 개미의 사회는 계급이 철저히 나누어져 있어요. 개미 중 대부분은 일개미로 먹이를 구하고, 여왕개미와 알을 돌보지요. 여왕개미는 알을 낳는 일을 하고, 수개미는 여왕개미와 짝짓기를 한 후 죽어요.

# 사람의 피부색은 왜 다를까?

우리 피부에는 '멜라닌'이라는 물질이 있어요. 이 물질은 햇빛으로부터 피부를 보호하기 때문에 햇빛이 강할수록 더 많이 생겨나요. 이런 멜라닌이 많으면 피부색이 어두워진답니다. 과학자들은 먼 옛날 따뜻한 지역에 살던 사람들은 피부가 까매졌고, 추운 지방에 살던 사람들은 피부가 하얘진 채 지금까지 이어져 온 것이라고 이야기해요.

# 식물은 **무엇**을 먹고 살까?

식물은 먹을 것을 스스로 만들어요. 햇빛과 이산화탄소, 흙에서 빨아들인 물을 이용해서 '광합성'이라는 과정을 거치면 영양분이 생기거든요. 땅에서 필요한 것을 얻을 수 없는 식물은 곤충을 잡아먹기도 해요.

오늘
점심 메뉴는
뭐야?

나 어디 있게?
찾아봐!

## 얼룩말과 호랑이는
## 왜 줄무늬가 있을까?

얼룩말이나 호랑이가 사는 숲과 들판에는 나무와 풀 때문에 그림자가 많이 져요. 그 속에 들어가면 얼룩덜룩한 줄무늬는 쉽게 눈에 띄지 않지요. 줄무늬 덕분에 사냥꾼이나 적의 눈을 속여 조금 더 쉽게 몸을 보호할 수 있답니다.

나는
찾지 마!

소리 안 들려?
가까이 오지 마!

## 방울뱀은
## 왜 소리를 낼까?

방울뱀의 꼬리에는 딱딱한 비늘이 고리처럼 연결되어 있는데, 이를 서로 부딪쳐 소리를 낸답니다. 뱀이 자라나면서 고리의 수도 늘어나요. 따라서 방울 소리가 클수록 큰 뱀이라는 뜻이지요. 방울뱀은 적을 만나면 꼬리를 흔들어 경고해요. "저리 가!"라고요.

다 타면 나처럼 까매져.

# 일식은
## 언제 볼 수 있을까?

일식은 지구와 태양 사이에 달이 들어가 생기는 그림자 때문에 태양이 보이지 않는 현상이에요. 달이 태양을 전부 가리는 것을 개기 일식, 태양 일부분만 가리는 것을 부분 일식이라고 해요. 일식을 볼 수 있는 지역은 매번 달라지고, 일 년에 평균 2~5번 정도 일어나는 매우 드문 현상이에요.

# 성냥은 어떻게
## 만들어졌을까?

한마디로 마찰 때문이에요. 성냥은 1827년에 영국의 화학자 존 워커가 발명했어요. 화학 약품을 섞는 데 사용한 나무 막대기를 돌 바닥에 문질렀더니 불이 붙은 거예요. 이렇게 해서 성냥이 탄생했답니다.

와장창!

# 롤러스케이트는
## 누가 발명했을까?

1760년, 벨기에의 바이올리니스트 조셉 멀린은 파티에 독특하게 등장하고 싶었어요. 그래서 스케이트에 바퀴를 단 롤러스케이트를 만들었대요. 조셉은 자신의 발명품을 소개하기 위해 롤러스케이트를 타고 바이올린을 연주했어요. 하지만 멈추는 방법을 몰라 큰 유리벽에 부딪혔고, 바이올린은 부서지고 말았답니다.

밥 주세요!

# 돈은 누가 만들었을까?

최초의 동전은 기원전 600년경 터키 리디아 지방에서 사용되었어요. 그전에는 필요한 것이 있으면 물건과 물건을 직접 바꾸어 썼는데 불편한 점이 많았어요. 사람들은 값어치가 변하지 않으면서도 들고 다니기 쉬운 물건이 필요하다는 생각을 했고, 그래서 돈이 생겨났답니다.

떨어지면 깨져!

# 유리는 무엇으로 만들었을까?

모래에 들어 있는 물질로 유리를 만들어요. 모래와 소다, 석회석을 높은 온도에서 함께 녹이면 부드럽고 끈적이는 상태가 되지요. 이것을 식혔다가 열을 가하고 다시 식히는 과정을 통해 단단하게 만든 것이 유리랍니다.

# 자석은 왜 쇠를 끌어당길까?

자석은 쇳조각을 끌어당기는 성질이 있는 물질들이 모여서 이루어져 있어요. 모든 자석에는 '북(N)극'과 '남(S)극' 이렇게 두 개의 극이 있는데 극이 서로 같은 물체는 밀어내고, 극이 서로 다른 물체는 끌어당겨요.

백만 스물하나, 백만 스물둘, 백만 스물셋······.

# 우리 은하에는 몇 개의 별이 있을까?

태양계가 속한 우리 은하에는 태양을 포함해서 적어도 1,000억 개의 별이 있어요. 이렇게 수많은 별이 커다란 소용돌이 모양으로 늘어서 있는데, 이 소용돌이를 가로지르려면 빛의 속도로 10만 년이나 걸린답니다. 우리 은하의 별들은 은하계의 중심을 축으로 끊임없이 움직이고 있어요.

저 사람, 우리도 셌어?

우주까지 튀어 오를 테나.

밀지 마, 좀!

1등급 은하입니다.

# 팝콘은 왜 톡톡 튈까?

옥수수 알맹이 안에는 작은 물방울이 들어 있어요. 옥수수에 열을 가하면 이 물방울이 수증기로 바뀌면서 몸집이 커져요. 몸집이 커지면서 알맹이 안에서 밖으로 힘을 주어 튀어 나가게 되는 거예요.

딸꾹딸꾹! 딸꾹딸꾹! 팝콘처럼 몸이 튕겨!

신난다!

고마워!

팝콘

난 팝콘이 좋더라.

# 딸꾹질은 왜 할까?

폐와 가슴 사이에는 '횡격막'이라는 근육이 있어요. 평소에는 천천히 늘어났다 줄어들었다 하면서 자연스럽게 움직이는데, 음식을 급하게 먹거나 너무 뜨거운 음식을 먹을 때, 또는 갑자기 추워질 때 횡격막이 깜짝 놀라면 이 움직임이 빨라져요. 이때 너무 많은 공기가 한꺼번에 폐로 들어가는 것을 막으려고 호흡 기관이 문을 급히 닫기 때문에 딸꾹질을 하게 되는 거예요.

나 다이어트 중이냐.

## 우리 몸에서 가장
# 힘센 근육은?

바로 턱 근육이에요. 근육은 많이 쓸수록 튼튼해지는데, 턱 근육은 말하거나 음식을 씹을 때마다 열심히 움직이기 때문에 다른 근육보다 힘이 세답니다. 평소에 말이 많은 사람이나 밥을 여러 번 꼭꼭 씹어 먹는 사람의 턱 근육은 보통 사람들보다 힘이 더 세겠지요.

# 곤충은 무얼 먹고 살까?

종류에 따라 달라요. 예를 들어 딱정벌레는 나뭇잎을 먹어요. 벌, 나비, 수컷 모기 같은 곤충은 꽃의 꿀을 먹지요. 다른 곤충을 잡아먹는 곤충도 많아요. 심지어 소금쟁이는 같은 소금쟁이를 잡아먹는답니다.

한번 먹으면 멈출 수 없어!

## 감자 칩은 어떻게 만들까?

감자 칩을 만들려면 감자를 최대한 얇게 썰어야 해요. 그리고 차가운 물에 두 시간 동안 담가 놓는데, 이때 물을 두 번 갈아 주세요. 물에서 꺼낸 감자는 종이 타월로 잘 말린 후 뜨거운 기름에 넣고 노릇노릇해질 때까지 튀겨요. 자, 이제 감자 칩이 완성되었어요. 직접 만들어 보고 싶다면, 뜨거운 기름에 델 수 있으니 꼭 어른의 도움을 받으세요!

끼이익─
나 여기 있어!

## 고래도 말을 할까?

고래는 노래해요! 정확히 말하면 혹등고래는 노래해요. 혹등고래의 노래는 사람의 목소리보다 훨씬 더 강력한 의사소통 수단이에요. 물속에서도 수십 미터 밖까지 전달되니까요. 하지만 그 노래는 사람의 귀에 음악 테이프를 빨리 돌리는 것 같은 날카로운 끽끽 소리, 괴상한 신음으로 들릴 뿐이지요.

## 홍학은 왜 한쪽 다리로 서 있을까?

홍학이 한쪽 다리로 몸을 지탱하는 것은 몸의 열기와 힘을 보존하기 위해서예요. 양다리로 서 있으면 그만큼 에너지를 많이 **빼앗겨** 한쪽 다리만 쓰는 것이지요.

### 반딧불이는 왜 불빛을 낼까?

'개똥벌레'라고도 불리는 반딧불이가 내는 불빛은 짝을 찾기 위한 신호예요. 반딧불이의 배에 있는 특별한 기관에서 '루니페린'이라는 물질이 산소를 태워 불빛을 내요.

난 건전지 없이 빛을 낸다고!

# 전기 기타는
## 어떻게 소리를 낼까?

전기 기타를 연주할 때 실제로 소리를 내는 건 기타 줄이 아니라 전류를 크게 만들어 주는 증폭기와 스피커예요. 금속으로 만든 기타 줄에는 각각 구리 선으로 감은 자석인 픽업이 붙어 있어요. 이 픽업이 전기 신호를 증폭기로 보내고, 이 신호가 스피커로 전달돼요. 스피커가 전기 신호를 소리로 바꾸어 주면 우리 귀에 들리는 것이랍니다.

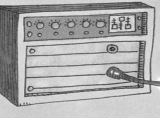

# 모차르트가 누구일까?

볼프강 아마데우스 모차르트(1756~1791)는 역사상 가장 뛰어난 음악가로 유명해요. 오스트리아에서 태어난 그는 다섯 살에 이미 교향악을 작곡했어요. 모차르트는 악기 연주도 잘했답니다. 그리고 많은 교향악과 오페라를 만들었는데 그중에는 정말 아름다운 음악이 많아요. 하지만 35세의 젊은 나이에 안타깝게 세상을 떠났어요.

# 땅에 사는 거북과 바다거북은 뭐가 다를까?

우리는 사촌 사이!

땅에 사는 거북은 헤엄을 전혀 치지 못하고 건조한 지역에서 생활해요. 코끼리처럼 발이 굵었고, 등껍질이 두꺼워 위로 둥글게 솟아 있어요. 커다란 거북은 200킬로그램이 넘는 것도 있답니다. 바다거북은 주로 바다에서 생활하고 수영을 잘할 수 있도록 다리가 물갈퀴처럼 생겼어요. 바다거북은 해조류나 무척추동물을 먹는 잡식성이에요.

# 만화 영화는 어떻게 만들까?

만화 영화 속 움직임은 자연스러워 보이지만, 실제로는 정지된 그림 수백 장으로 이루어져요. 1초에 24장의 그림을 연속으로 매우 빠르게 넘기면 마치 움직이는 것처럼 보이지요. 요즘은 그림을 그리고, 그린 그림들을 움직이게 하는 데 컴퓨터를 많이 이용해요.

휘리릭, 차라락!

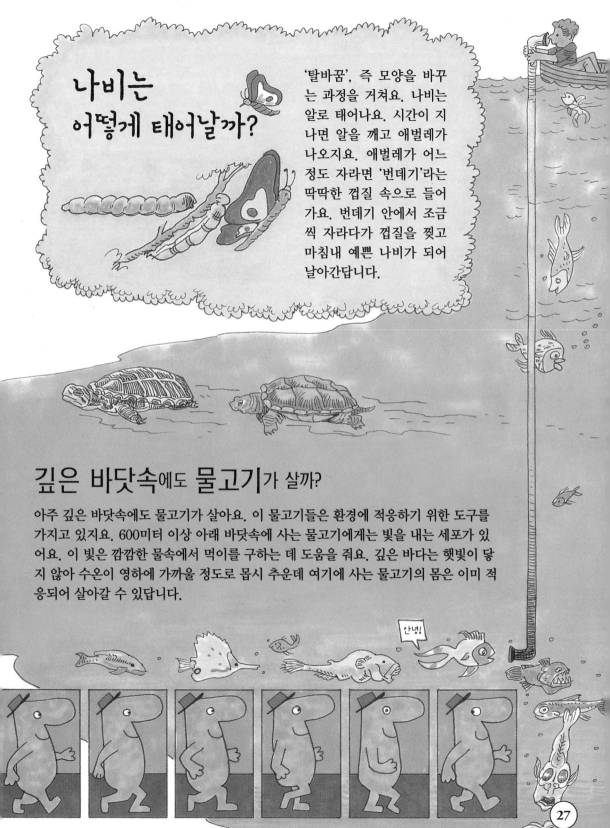

# 나비는 어떻게 태어날까?

'탈바꿈', 즉 모양을 바꾸는 과정을 거쳐요. 나비는 알로 태어나요. 시간이 지나면 알을 깨고 애벌레가 나오지요. 애벌레가 어느 정도 자라면 '번데기'라는 딱딱한 껍질 속으로 들어가요. 번데기 안에서 조금씩 자라다가 껍질을 찢고 마침내 예쁜 나비가 되어 날아간답니다.

## 깊은 바닷속에도 물고기가 살까?

아주 깊은 바닷속에도 물고기가 살아요. 이 물고기들은 환경에 적응하기 위한 도구를 가지고 있지요. 600미터 이상 아래 바닷속에 사는 물고기에게는 빛을 내는 세포가 있어요. 이 빛은 깜깜한 물속에서 먹이를 구하는 데 도움을 줘요. 깊은 바다는 햇빛이 닿지 않아 수온이 영하에 가까울 정도로 몹시 추운데 여기에 사는 물고기의 몸은 이미 적응되어 살아갈 수 있답니다.

안녕!

# 사람이 최초로 사용한 도구는?

2010년 독일의 막스 플랑크 진화 연구소의 고고학자들이 아프리카 에티오피아 북부에서 동물 뼈 화석을 발견했어요. 염소만 한 동물의 넓적다리뼈로, 이 뼈에서 고기를 잘라 낸 흔적이 남아 있어요. 이 뼈 화석은 약 320만 년 이상 된 것으로 그때부터 도구를 사용해서 고기를 먹었음을 알 수 있답니다.

## 칫솔이 없을 때는 어떻게 이를 닦았을까?

향긋한 나뭇가지를 주워 한쪽 끝을 질겅질겅 씹어서 칫솔처럼 이용했어요. 또는 손가락을 소금물에 담갔다가 이에 문지르기도 했고요. 나무 막대기에 돼지 털이 달린 칫솔이 발명된 것은 약 300년 전이랍니다.

나, 이 잘 닦는 원시인이야!

## 상록수는 어떻게 일 년 내내 푸를까?

비밀은 바늘 모양의 뾰족한 잎에 숨어 있어요. 나무는 뿌리를 통해 물을 끌어오고 잎사귀를 통해 수증기로 내보내요. 납작하고 넓은 나뭇잎일수록 더 많은 물을 잃겠지요? 그래서 춥고 건조한 겨울에는 잎을 떨어뜨리지요. 하지만 상록수의 잎은 뾰족해서 물을 많이 잃지 않기 때문에 계속 나무에 매달려 있는 것이랍니다.

## 동물들도 사람처럼 도구를 쓸까?

도구를 쓰는 똑똑한 동물도 있어요. 딱따구리는 부리로 선인장을 물고 흙을 파서 곤충을 잡아먹어요. 침팬지 같은 유인원은 나뭇가지와 풀을 사용해 곤충을 잡아요. 또 바닷새는 조개를 바위에 떨어뜨려 껍질을 깨지요.

## 앵무새는 어떻게 사람의 말을 할까?

앵무새는 혀가 두껍고 사람처럼 혀의 위치를 바꾸며 여러 소리를 낸다고 해요. 그래서 말을 잘 따라 할 수 있지요. 그러나 앵무새가 자기가 하는 말의 뜻을 알고 있는 것은 아니에요. 소리를 반복해서 듣고 또 들어 단지 그 소리를 비슷하게 낼 줄 아는 거예요. 마치 사람도 뜻을 모르는 외국어를 몇 마디쯤 외울 수 있듯이 말이에요.

내가 뭐라고 하는지 나도 몰라.

## 벌꿀은 어떻게 만들까?

꿀벌들은 꽃에서 달콤한 꿀을 모아 벌집으로 가져가요. 벌집 안에서 일벌은 자신의 몸에서 나오는 효소를 꿀에 섞어서 저장해요. 벌집의 열기와 벌들의 날갯짓 때문에 수분이 증발하고 남는 것이 바로 벌꿀이에요.

## 줄기는 어떻게 땅 위로 뻗을까?

도대체 위가 어디야?

지구가 끌어당기는 힘인 중력 때문이에요. 씨앗에서 뻗어 나오는 뿌리 중 뚱뚱한 부분인 '뿌리혹'이 중력에 이끌려서 자꾸 땅 밑으로 내려가게 되는 거예요. 그러니 자연스럽게 줄기는 위로 솟아오르지요.

29

생일 축하해!

# 우주는 몇 살일까?

아마 150억 살 정도일 거예요. 우주가 처음에 어떻게 생겨났는지 설명하는 이론 가운데 가장 널리 알려진 것은 빅뱅 이론이에요. 빅뱅 이론이란 처음에는 모든 것이 거대한 하나의 덩어리였다가 어느 날 큰 폭발이 일어나 조각들이 우주 공간으로 넓게 흩어지면서 은하계와 별, 행성이 생겨났다고 주장하는 이론이에요.

와, 저것 봐!

## 유성이 무엇일까?

별똥별이라고도 불리는 유성은 혜성이나 작은 별에서 떨어진 조각, 먼지 등이 지구 대기 안으로 들어와 빛을 내며 떨어지는 것을 말해요. 대부분 타서 없어지지만 어떤 유성은 땅으로 떨어져 큰 구멍을 내요. 이런 유성을 운석이라고 부르지요.

# 뼈는 어떻게 서로 붙어 있을까?

팔꿈치나 무릎을 보면 뼈와 뼈가 원래부터 붙어 있는 듯 느껴지지만, 사실은 그렇지 않답니다. 인대라는 질기고 탄력 있는 띠가 두 뼈를 함께 감싸 이어 주지요. 만약 인대를 심하게 다치면 관절이 밀리면서 조각날 수도 있어요.

# 바닷물은 왜 짤까?

바닷물에는 실제로 소금이 들어 있어요. 바다는 산과 강, 시냇물에서 흘러온 물이 모여 만들어지지요. 흐르는 물에는 암석에 들어 있는 소금 성분인 나트륨이나 칼륨이 녹아 있어요. 그래서 바닷물에서 짠맛이 나는 거랍니다.

힘들어.

# 알레르기 반응은 왜 일어날까?

몸속의 백혈구는 세균을 공격하는 물질을 만들어 내요. 그 물질은 우리 몸을 지키는 병사들이라고 할 수 있지요. 그런데 가끔 백혈구가 먼지나 꽃가루 같은 것을 해로운 병균으로 오해해서 싸우는 것이 알레르기 반응이랍니다. 알레르기 반응으로는 콧물, 눈물, 재채기, 간지럼 등이 있어요.

# 새는 모두 몇 종류일까?

약 9,000종이라고 하는데, 열대 우림처럼 사람이 잘 가지 않는 곳에 사는 새도 많아서 정확히는 알 수 없어요. 그래서 지구 반대편에서는 아직도 새로운 새들이 발견되곤 해요. 새는 공룡에서 진화한 것으로 여겨지는데, 그때 살던 종류는 이미 멸종했지요. 새들은 모두 깃털과 날개가 있지만, 펭귄이나 타조처럼 날지 못하는 새도 있어요.

안녕, 친구들!

# 사람의 머리카락은 몇 개일까?

머리가 왜 이리 부스스하지?

머리카락 개수는 평균 약 10만 개라고 해요. 하지만 하나하나 세기는 무척 어렵겠지요? 머리카락은 항상 빠지고 새로 자라나요. 하루에 약 70~80개쯤 빠진답니다. 그런데 머리카락이 빠진 자리에서 새로운 머리카락이 나오지 않으면 대머리가 되겠지요. 스트레스를 많이 받거나 큰 병에 걸리면 대머리가 되기 쉽다고 해요.

# 숫자를 발명한 사람은 누구일까?

숫자는 눈으로 볼 수는 없지만, 기호로 수를 표현할 수 있게 만든 약속이에요. 우리가 흔히 쓰는 1, 2, 3 같은 숫자를 '아라비아 숫자'라고 하는데, 400년경에 인도 사람들이 발명한 것으로 알려졌어요. 그런데 아라비아 상인들이 숫자를 유럽으로 전했기 때문에 인도 숫자가 아니라 '아라비아 숫자'라고 부르게 되었대요.

## 탄산음료는 왜 톡톡 쏠까?

공장에서 음료수를 만들 때 톡톡 쏘는 맛이 나도록 재료를 넣었기 때문이에요. 우선 음료수에 이산화탄소를 넣고 입구를 막아요. 이산화탄소는 액체 속에 숨어 있다가 음료수의 마개를 따는 순간 통통 튀어나오지요. 이게 바로 톡톡 쏘는 느낌을 낸답니다.

# 중력이 무엇일까?

중력은 행성의 중심에서 다른 물체를 아주 세게 끌어당기는 힘이지요. 중력 덕분에 우리가 땅에 발을 붙이고 다닐 수 있어요. 또 태양의 중력 때문에 여러 행성이 태양 주변을 도는 것이랍니다. 태양의 중력이 없다면 아마 지구는 우주 밖으로 튕겨 나갈 거예요.

## 에스컬레이터는 언제 발명되었을까?

1896년 미국 뉴욕 주 코니아일랜드에서 세계 최초의 에스컬레이터를 선보였어요. 그 후 에스컬레이터는 널리 퍼졌는데, 1911년 런던 시민은 에스컬레이터를 겁냈어요. 그래서 의족을 한 사람을 고용해 시범을 보였어요. 다리가 하나인 사람도 탄다면 무서워할 게 없을 테니까요.

# 날치는 정말 하늘을 날까?

새처럼 날지는 않아요. 꼬리를 튕겨 공중으로 날아올랐다 미끄러져 내려가지요. 큰 물고기에게 쫓길 때, 몸을 피하려고 잠시 물 밖으로 뛰쳐나오는 것이에요. 가슴지느러미가 커서 물 밖으로 튀어나와 달아나는 모습이 하늘을 나는 것처럼 보여 날치라는 이름이 붙었어요.

## 사람은 왜 꿈을 꿀까?

잠을 자는 동안에도 뇌는 쉬지 않아요. 과학자들의 말로는 우리는 꿈을 꾸면서 낮 동안의 일을 정리하고 저장하는 일을 한대요. 또 꿈을 눈으로 직접 볼 수 있어요. 잠을 잘 때 눈은 감고 있지만, 눈동자는 빠르게 움직이며 꿈속에 펼쳐지는 장면을 보는 것이지요.

## 실내 화장실은
### 누가 만들었을까?

기원전 1700년에 지중해 크레타 섬에 최초로 실내 화장실을 지었어요. 실내에 화장실을 두려면 물을 끌어오고 오물을 밖으로 내보낼 배관이 필요해요. 최초의 수세식 변기는 1589년에 영국의 존 해링턴 경이 발명했어요. 하지만 지금의 변기와 비슷한 것은 1800년대가 지나서야 생겨났답니다.

# 표사가 무엇일까?

두꺼운 모래층 아래로 물이 흐르다가 물과 섞인 모래
가 압력 때문에 솟아오른 것을 말해요. 밟고 걸을 수 있을 정
도로 단단하지만 잘못해서 부드러운 부분에 발이 빠질 수도 있어요.
표사에 발이 빠지면 똑바로 서기 어렵고 헤어 나오지 못해 더 깊이 빠져들기도 해요.

# 피사의 사탑은 왜 기울어져 있을까?

피사의 사탑은 북부 이탈리아에 있는 성당 종탑이에요. 1173년에 짓기 시
작했는데, 한쪽 땅이 반대쪽보다 물렁물렁했기 때문에 얼마 지나지 않
아 기울어졌어요. 그로부터 200년 후, 높이가 약 60미터, 무게가 약 1만
6,000톤인 거대한 탑이 완성되었어요. 1990년에 이탈리아 정부에서 피
사의 사탑이 더는 기울어지지 않도록 공사를 했어요. 그래서 지금은 더
기울어지지 않게 되었답니다.

# 사람마다 왜 눈 색깔이 다를까?

전 멜라닌이
별로 없어요!

눈동자를 감싸고 있는 홍채는 눈으로 들어오는 빛의
양을 조절하는 일을 해요. 홍채에 있는 멜라닌 색
소는 빛에서 홍채를 보호하는 역할을 하지요.
눈이 녹색이나 파란색이라면 홍채에 멜
라닌의 양이 적다는 뜻이에요. 멜라
닌의 양이 많으면 갈색이나 진
한 갈색 눈이 되지요.

자, 힘껏 당겨요. 영차! 꿈쩍도 안 해요!

35

## 왜 어떤 사람은 생머리고 어떤 사람은 곱슬머리일까?

머리카락은 모낭이라는 조그만 구멍에서 나오는데, 모낭의 모양에 따라서 머리카락 모양이 달라져요. 모낭이 둥글면 생머리가 나오고, 타원형이면 약간 구불구불한 머리카락이, 사각형이면 뽀글뽀글한 곱슬머리가 나온답니다. 여러분의 모낭은 어떤 모양인가요?

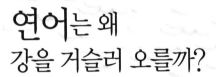

# 연어는 왜 강을 거슬러 오를까?

새끼를 낳기 위해서예요. 연어는 강이나 시내에서 태어나는데 어른이 되면 바다 쪽으로 이동해요. 하지만 알을 낳을 때가 되면 본능적으로 태어난 곳을 향해 가지요. 물결을 거스르고 폭포를 뛰어넘으면서 말이에요.

# 지진은 왜 일어날까?

지구 속의 압력이 높아지면 땅을 받치고 있는 단단한 판이 서로 떠미는 힘이 생겨요. 이렇게 판끼리 서로 부딪치면 땅이 갈라지고 흔들려요. 이 움직임은 떨림으로 전달되는데 이게 바로 지진이랍니다.

으으으잉
진동이 장난 아냐!

# 만우절은
## 왜 생겼을까?

만우절은 가벼운 농담이나 그럴듯한 거짓
말로 주변 사람들에게 장난을 치고 웃음을
주는 날이에요. 만우절은 프랑스에서 처음
생겨났다는 이야기가 있어요. 옛날 프랑스
달력은 한 해의 첫 달이 4월이었답니다.
1564년에 1월부터 시작하는 새 달력이 나오
자 몇몇 사람들은 강하게 반대했지요. 그 사
람들에게 '4월의 바보'라는 별명을 붙이면서
만우절이 시작되었다고 해요.

## 최초의 영화는 무엇일까?

1895년, 프랑스 파리에서 오귀스트 뤼미에르와 루이 뤼미에르 형제가 공장을 떠나는
일꾼들의 모습을 담은 짧은 영상을 선보였어요. 줄거리가 있는 첫 영화는 1903년 미국에서
상영된 〈대열차 강도〉로, 소리가 없는 무성 영화였지만 매우 반응이 좋았지요. 소리가 나오는
최초의 유성 영화는 〈재즈 싱어〉로, 1927년에 미국에서 만들었어요.

저 사람이
강도인가요?

〈대열차 강도〉의
한 장면입니다.

세 가지 뿐이라고?

## 암석의 종류는 몇 가지일까?

돌은 여기저기 널려 있어 종류가 많아 보이지만 크게 퇴적암, 화성암, 변성암 이렇게 세 가지로 나누어져요. 이런 돌들은 오랜 세월 동안 천천히 만들어지 지요. 석회암 같은 퇴적암은 모래, 자갈, 조개껍데기 등이 오랜 시간 땅에 묻 혀 있다가 암석이 된 거예요. 화성암은 용암이 식어 굳은 돌이에요. 대표적인 화성암은 구멍이 송송 뚫린 현무암으로, 제주도에서 쉽게 찾아볼 수 있어요. 변성암은 퇴적암이나 화성암이 땅의 압력과 열 때문에 변한 돌이에요. 대표 적인 변성암으로는 대리석이 있어요.

# 눈물은 왜 날까?

눈물은 각 눈동자의 바깥 위쪽에 있는 눈 물샘에서 끊임없이 나와요. 눈물은 눈을 촉촉하게 적셔 눈동자가 부드럽게 움직 일 수 있게 해 주지요. 또 눈을 깜빡일 때마다 눈물이 눈 안의 먼지나 세균을 씻어 내려요. 엉엉 울 때는 몸 안에 쌓 인 노폐물이 빠져나간답니다.

# 음식이 소화되는 데 얼마나 걸릴까?

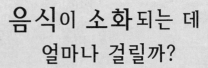

하루 정도 걸려요. 소화는 입에 들어온 음식 을 잘게 부수고 몸에서 필요한 물질로 만드 는 과정을 말해요. 소화 작용은 입에서 시작 되어 위, 소장, 대장을 거치지요. 장은 몸속 에서 구불구불 긴 호스처럼 연결되어 있는데 그 길이는 거의 10미터나 된대요. 엄청나게 길지요? 음식이 장을 지나는 동안 영양분과 물을 흡수한답니다.

왜 난 풍선이 안 불어져?

## 아인슈타인이 누구일까?

알베르트 아인슈타인(1879~1955)은 노벨상을 탄 물리학자로, 20세기 최고의 과학자라고 불려요. 1905년에 발표한 '특수 상대성 이론'은 만일 우리가 아주 빠르게 움직인다면 시간이 천천히 갈 거라는 이론이에요. 또 모든 질량은 그만큼의 에너지를 갖는다는 질량-에너지 동등성을 밝혀낸 것으로도 유명해요. 이 발견은 원자력의 발전으로 이어졌지요.

## 그냥 껌으로는 왜 풍선이 안 불어질까?

모든 껌에는 껌을 만드는 껌 베이스와 설탕 등이 들어가요. 풍선껌의 껌 베이스에는 일반 껌보다 화학 물질인 '인공 수지'가 더 많이 들어가 잘 붙고 잘 늘어난답니다.

## 최초의 차는 언제 발명되었을까?

1769년 프랑스 군인인 니콜라 퀴뇨가 시속 5킬로미터로 달리는 증기 자동차를 만들었어요. 이 자동차는 물이 끓으면서 생기는 증기의 힘으로 달리도록 만든 것인데, 15분에 한 번씩 물을 넣어 줘야 했대요. 또 브레이크 장치가 없어서 실험 중에 교통사고를 냈다고 하네요.

차라리 내가 더 빠르겠다!

# 세상에서 가장 큰 빙산은?

1956년 11월 스코트 섬 서쪽에서 지금까지 발견된 빙산 중에서 가장 큰 것을 발견했어요. 길이가 335킬로미터에 너비가 97킬로미터로 벨기에만 한 크기였어요. 빙산의 80퍼센트 정도는 남극에서 떨어져 나온 것이라고 해요. 이들은 크기가 크고 평평한 모양이며 가장자리에 날카롭게 각이 진 모습이에요. 넓이는 다양하지만 두께는 대략 200~300미터로 시간이 지날수록 닳아져서 점점 둥근 모양으로 변해 가지요.

여기 팥빙수 추가요!

# 쌍둥이는 어떻게 생길까?

수정된 난자가 두 개로 쪼개져서 두 사람이 태어나면 일란성 쌍둥이가 돼요. 일란성 쌍둥이는 성별도 같고 외모도 아주 비슷해요. 이란성 쌍둥이는 두 개의 난자와 두 개의 정자가 각각 수정되면 태어나요. 성별이나 외모가 꼭 같지는 않지요.

내가 형이야.

내가 형이거든!

# 식물은 왜 해를 바라볼까?

눈부신 분이야!

식물의 잎에는 '엽록소'라는 녹색 색소가 있는데, 빛을 받아야 식물이 살아가는 데 필요한 영양분을 만들 수 있어요. 만약 식물이 그늘처럼 빛이 잘 들지 않는 곳에 있다면 빛이 있는 방향으로 줄기가 기울어진답니다.

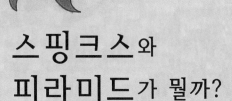

내 미라 어디 갔어?

# 스핑크스와 피라미드가 뭘까?

스핑크스는 사자의 몸에 고대 이집트 왕 파라오의 머리를 하고 있어요. 이집트 기자 지역에 있는 대 스핑크스는 고대 이집트를 상징하는 유물이에요. 기원전 2500년경 만들어졌고 길이 약 54미터, 높이 약 20미터로 발견된 스핑크스 중에서 가장 크고 오래되었어요.
피라미드는 파라오의 무덤으로 커다란 사각뿔 모양이에요. 기자의 대 피라미드는 이집트 제4왕조 파라오인 쿠푸의 무덤이랍니다. 20년 동안 10만 명의 노예가 만들었다고 해요.

# 거미는 어떻게 거미줄을 만들까?

거미의 배에는 거미줄을 만드는 점액이 나오는 기관이 있는데 여기에서 실을 뽑아내요. 이 실은 잘 늘어나고 끈적끈적하지요. 거미는 나뭇가지나 잎에 실을 돌돌 감고 그 줄을 길게 늘어뜨린답니다. 그런 다음 그물 모양으로 거미줄을 채우지요.

이 모양 마음에 드는군!

# 아스테카 문명이 무엇일까?

13~16세기에 지금의 멕시코 지역에서 발달한 문명이에요. 아스텍 인은 중앙아메리카 여기저기를 돌아다니며 살아가던 유랑 족이에요. 아스텍 신은 선인장 위에서 뱀을 먹고 있는 독수리를 보면 유랑을 멈추라고 했고, 아스텍 인은 멕시코 지역에서 독수리를 발견해 그곳에 머무르게 되었지요. 그들은 호수와 진흙땅을 개척해 농사지을 땅을 만들었어요. 아스테카 문명이 발생했던 지역이 현재 멕시코의 수도인 멕시코시티예요.

내가 더 빠르지.

난 힘이 세다고!

아직 좀 더 자라야겠어.

## 단봉낙타와 쌍봉낙타는 뭐가 다를까?

등 위에 있는 혹 개수가 달라요. 단봉낙타는 혹이 하나이고, 쌍봉낙타는 혹이 두 개지요. 단봉낙타는 주로 모래가 많은 사막에서 살고, 쌍봉낙타는 돌이 많은 사막에서 살아요. 또 단봉낙타는 다리가 길고 걸음이 빨라 승용이나 운반용으로 쓰이고, 쌍봉낙타는 추위와 목마름을 잘 견뎌서 농사짓는 데 쓰여요.

## 세상에서 가장 오래된 나무는?

미국 캘리포니아 화이트 산에 있는 소나무 므두셀라로 4800년 이상 살았대요! '므두셀라'라는 이름은 성경에 나오는 969세까지 살았다는 사람의 이름에서 따온 것이에요. 이 커다란 소나무는 100년에 3센티미터씩 몸이 굵어지는데 이렇게 매우 천천히 자라기 때문에 오래 살 수 있다고 해요.

너도
물고기야?

# 잠수함은 어떻게 물에 가라앉고 떠오를까?

잠수함 안에는 물을 채우고 뺄 수 있는 탱크가 있어요. 탱크에 물을 채우면 잠수함의 무게가 무거워져서 바닷속으로 더 깊이 내려갈 수 있어요. 물 위로 올라올 때에는 탱크의 물을 쏟아 내서 잠수함의 무게를 가볍게 만들어 물 위로 떠오르게 하지요.

그래도
난 비듬은
없다고!

# 사람의 몸에는 왜 털이 나 있을까?

몸을 보호하기 위해서예요. 머리카락은 뇌를 보호하는 역할을 하고, 우리 몸을 덮고 있는 가느다란 솜털은 몸을 보호하고 몸에서 열이 빠져나가지 않게 도와준답니다. 또 눈썹, 속눈썹, 코털과 귀털 등은 먼지가 몸속으로 들어오지 않도록 해 주지요. 어떤 부위에 털이 났느냐에 따라 털의 이름도 달라져요. 눈썹과 머리카락을 똑같은 털이라고 부르지 않는 것처럼요.

# 엘리자베스 1세 여왕이 누구일까?

영국과
결혼했죠.

엘리자베스 1세(1533~1603)는 1558년부터 1603년까지 영국을 다스린 여왕이에요. 결혼도 하지 않고 오랜 시간 동안 영국을 다스렸는데, 그동안 나라가 평화롭고 부강해서 사람들은 그녀를 '훌륭한 여왕'이라고 칭송하며 좋아했어요. 엘리자베스 여왕 시대에는 문학, 연극, 음악 등이 크게 발전했답니다.

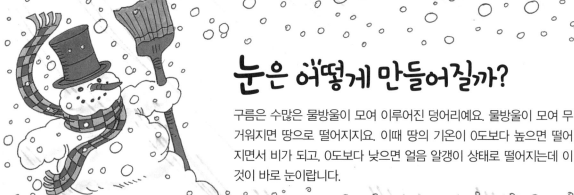

# 눈은 어떻게 만들어질까?

구름은 수많은 물방울이 모여 이루어진 덩어리예요. 물방울이 모여 무거워지면 땅으로 떨어지지요. 이때 땅의 기온이 0도보다 높으면 떨어지면서 비가 되고, 0도보다 낮으면 얼음 알갱이 상태로 떨어지는데 이것이 바로 눈이랍니다.

# 박쥐의 종류는 모두 몇 가지일까?

일일이 세기 어려울 정도로 아주 많아요. 밝혀진 것만 해도 900~1,000종이나 되니까요. 박쥐는 북극이나 남극처럼 매우 추운 곳을 빼고는 지구의 거의 모든 곳에 수억 마리씩 살아요. 박쥐는 시력이 매우 나빠 앞을 잘 볼 수 없지만, 청각이 잘 발달했어요. 사람은 들을 수 없는 소리를 내서 먹이나 장애물에 부딪혀 돌아오는 소리를 듣고 위치를 알아내지요.

# 세상에는 몇 종류의 식물이 있을까?

약 35만 종의 식물이 있는데, 새로운 종도 계속 발견되고 있어요. 식물들은 약 30억 년 전부터 지구에 살았대요. 식물이 움직이지 않는 것은 스스로 영양분을 만들 수 있기 때문이에요. 그래서 동물처럼 돌아다니며 먹이를 찾을 필요가 없어요.

# 하얀 달걀과 갈색 달걀은
## 맛이 다를까?

달걀과 토스트의 환상적인 조합!

겉껍질의 색깔만 다를 뿐 요리하면 맛은 똑같아요. 보통 하얀색 닭은 하얀 알을 낳고, 갈색 닭은 갈색 알을 낳아요. 어떤 달걀이 더 영양이 풍부하거나 값이 비싼 것은 아니랍니다.

# 감기에 걸리면
## 왜 맛을 잘 느끼지 못할까?

무슨 맛인지 모르겠어.

코와 혀에는 맛을 뇌에 전달하는 세포가 있어요. 그리고 코에는 냄새를 전달하는 후각 신경이 있지요. 감기에 걸려 콧물을 흘리거나 코가 막히면 혀가 무언가를 먹어도 코가 그 맛과 냄새를 뇌로 전달하지 못해요. 그래서 음식 맛을 잘 느끼지 못하게 된답니다.

# 지구의 얼음이 모두
## 녹으면 어떻게 될까?

## 우주에
## 처음으로
## 간 사람은?

러시아의 우주 비행사 '유리 가가린'이에요. 1961년 4월 12일에 가가린은 혼자서 우주선 보스토크 1호를 타고 109분간 지구를 한 바퀴 돌고 왔어요. 가가린이 우주에서 처음 한 말은 "지구는 푸르다."예요. 이 말은 세계적인 유행어가 되었지요.

지구의 얼음은 남극에 88퍼센트, 북극에 11퍼센트, 그 밖의 얼음은 높은 산꼭대기 등에 있어요. 이 얼음이 모두 녹으면 바닷물이 지금보다 60미터쯤 높아지고, 지대가 낮은 많은 땅이 바다 아래로 가라앉을 거예요. 하지만 너무 걱정하지 마세요. 얼음이 빠른 속도로 녹고 있지만, 바닷물이 그 정도로 높아지려면 수천 년은 걸릴 거라고 하니까요.

북극은 나의 고향!

북극

# 북극과 남극은
## 어떻게 다를까?

북극은 북극점이 있는 곳이에요. 북극점에서 2,600킬로미터 아래 가상의 선인 북극권 한계선이 있고, 이 안에 북극해와 여러 섬, 유럽 북부, 아시아, 북아메리카까지 들어가요. 북극은 매우 춥지만 여름에는 눈이 녹는 지역도 있어요. 또 북극곰, 물개, 고래, 순록의 고향이기도 해요. 남극은 반대로 남극점이 있는 곳이며 넓이가 1,400만 제곱킬로미터 정도 돼요. 남극의 얼음으로 된 대륙 중에 가장 긴 곳은 5,230킬로미터예요. 약간의 이끼와 꽃을 피우는 식물 두 종만이 작고 날개 없는 파리와 함께 살지요. 남극해에는 물고기와 새, 물개, 고래, 펭귄이 살고 있어요.

남극

내 친구는 펭귄이라네!

나 노벨상 두 번 받은 여자야!

# 퀴리 부인이
## 누구일까?

마리 퀴리(1867~1934)는 최초로 노벨상을 두 번 받았으며, 분야가 다른 두 부문에서 노벨상을 받은 유일한 사람이에요. 그녀는 남편 피에르 퀴리와 함께 방사성 원소인 폴로늄을 발견했어요. 그 후 더 강력한 방사성 원소인 라듐을 발견했지요. 퀴리 부부는 1903년에 노벨 물리학상을 받았어요. 1911년에는 퀴리 부인이 노벨 화학상을 받았답니다. 그 이후에는 의학 분야에서 엑스레이 활용법을 연구하는 일에 일생을 바쳤어요.

# 요요는 누가 발명했을까?

고대 중국과 그리스에도 요요가 있었지만 본격적으로 알려지게 된 데에는 필리핀의 역할이 커요. 16세기에 필리핀 사람들은 요요로 나무 위에 있는 사냥감을 잡았어요. 1920년에 도널드 던컨이라는 미국인이 요요를 가지고 노는 필리핀 사람들을 본 후 그것으로 사업을 시작해 전 세계적인 장난감으로 만들었답니다.

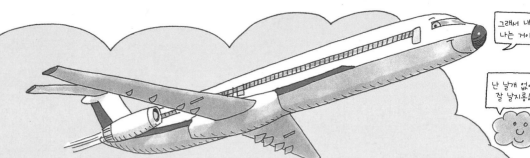

그래서 내가
나는 거야!

난 날개 없이
잘 날지롱!

## 비행기는 어떻게 하늘에 뜰까?

앞으로 나가는 힘은 엔진에서 나오고, 공기 위에 떠 있는 힘은 날개에서 나와요. 비행기의 날개는
아래쪽은 평평하고 위쪽은 둥글어요. 이런 날개의 모양 때문에 날개 윗부분보다 아랫부분이 더
큰 압력을 받지요. 날개 아랫부분의 압력으로 비행기가 아래에서 위로 떠오르게 되는 거예요.
이렇게 공기가 물체를 위쪽으로 들어 올리는 힘을 '양력'이라고 불러요.

찔리면
큰일 난다!

## 지구 옆에는 어떤 별이 있을까?

밤이 되길 기다릴 필요 없어요. 망원경을 꺼내지 않아도
돼요. 바로 우리가 낮에 볼 수 있는 태양이니까요. 태양은
지구에서 약 1억 5,000만 킬로미터 떨어져 있어서 만약
걸어서 태양까지 간다면 4270년이나 걸린대요.

## 낙하산을 타면
## 왜 천천히 내려올까?

낙하산을 타면 우산 모양의 천이 넓게
펼쳐져요. 이 천이 공기와 부딪치는 면을
많이 만들어 떨어지는 속도를 줄여 줘요.
그래서 안전하게 착지할 수 있답니다.

## 종이는 어떻게 만들까?

　　나무를 가루 내어 물과 화학 약품을 섞으면 '펄
프'라는 혼합물이 돼요. 서로 잘 엉기도록 접착제를 넣고 얇
게 펴서 물기를 말리고 거친 면을 매끄럽게 다듬어 원하는
크기로 자르면 우리가 사용하는 종이가 되지요.

# 수박에는 물이 얼마나 들어 있을까?

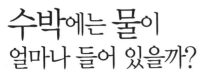

무려 93퍼센트나 들어 있어요! 그러니까 만일 10킬로그램짜리 수박이 있으면 이 중 9.3킬로그램이 물이라는 뜻이에요. 이쯤 되면 과일인지 음료수인지 헷갈리겠지요?

나는 별!

우리도 별!

나 떨어진다.

나도!

# 혜성이 무엇일까?

혜성은 얼어붙은 가스와 얼음, 먼지로 이루어져 있어요. 태양에 가까워지면 겉면의 가스가 증발하면서 긴 꼬리가 생기지요. 행성처럼 일정하게 태양 주위를 돌지는 않지만, 우주에서 궤도를 따라 움직여요.

스케이트보드 타기 딱이야!

# 만리장성이 무엇일까?

만리장성은 전 세계에서 가장 크고 웅장한 건축물 중 하나예요. 고대 중국인들은 적의 침략을 막으려고 기원전 700년경부터 몇백 년에 걸쳐 성벽을 쌓았어요. 가장 중요한 공사는 기원전 220년경 진시황제 시대에 이루어졌어요. 그는 중국을 통일한 후, 그 땅을 지키기 위해 원래 있던 성을 하나로 연결했답니다. 그렇게 해서 완성된 것이 만리장성이에요.

# 산성비가 무엇일까?

오염 물질을 품고 있는 비예요. 공기 중에는 자동차가 내뿜는 배기가스에 들어 있는 질소와 공장에서 석탄과 기름을 태우면서 생기는 유황이 떠다니고 있어요. 이 공기가 수증기가 되어 비와 함께 내리면 산성비가 되지요. 산성비는 땅이나 나무에 나쁜 영향을 미치고, 콘크리트나 철로 만든 건물을 녹이기도 하는 피해를 준답니다.

# 개와 늑대는 조상이 같을까?

늑대는 갯과에 속한 동물이에요. 모든 늑대는 개와 조상이 같고 몇몇은 혈통도 같아요. 사람들은 특성이 다른 개들을 교배시켜서 새로운 종류의 개들을 태어나게 했답니다. 오늘날 개의 종류가 많아진 것은 이 때문이에요. 그러니까 겉모습은 달라도 모든 개와 늑대는 서로 친척 사이라고 할 수 있어요.

# 비행기를 발명한 사람은 누구일까?

오빌 라이트와 윌버 라이트로, 두 사람은 형제예요. 그래서 '라이트 형제'라는 이름으로 더 널리 알려졌지요. 라이트 형제는 1903년 미국 노스캐롤라이나 주의 키티호크에서 날개가 두 개 달린 비행기를 조종해 하늘을 나는 데 성공했어요. 이것이 인류 최초의 동력 비행기랍니다.

# 드라큘라가 누구일까?

아일랜드 작가인 브람 스토커가 1897년 발표한 소설의 주인공으로 상상 속의 인물이에요. 드라큘라는 흡혈귀와 비슷하지만, 흡혈귀와는 다르게 여자의 피만 빨아 먹는다고 해요. 작가는 15세기 루마니아 왈라키아에 살았던 왕 블라드 체페슈를 모델로 이야기를 썼어요. 체페슈는 루마니아 어로 '꼬챙이'라는 뜻이에요. 블라드 왕이 꼬챙이를 사용해 잔인한 방법으로 전쟁 포로를 처형해서 붙은 이름이에요.

그럼 저는 이만 가 볼게요!

걸음아 날 살려라!

공포 영화보다 더 무섭네!

# 지렁이는 땅에 어떤 도움을 줄까?

지렁이는 흙 사이사이를 기어 다니면서 공간을 만들어서 땅이 숨을 쉬고 식물이 쉽게 뿌리를 내리도록 도와줘요. 또 지렁이가 흙을 먹고 배출하는 배설물은 식물에게 좋은 비료가 되지요.

## 물에 얼음을 넣으면 왜 갈라질까?

얼음이 물과 만나면 겉면 온도가 올라가면서 얼음의 부피가 늘어나요. 그런데 얼음의 가운데 부분은 아직 언 상태 그대로 있지요. 얼음 겉면과 가운데 부분 사이에 압력 차이가 생겨 얼음이 갈라지게 되는 거예요. 차가운 컵에 뜨거운 물을 따르면 깨지기도 하는데 마찬가지로 온도 차이 때문에 생기는 부피 변화 때문이랍니다.

## 교향악단에는 어떤 악기들이 있을까?

교향악단은 북과 심벌즈 같은 타악기, 트럼펫과 트롬본 같은 금관 악기, 플루트와 클라리넷 같은 목관 악기, 바이올린과 첼로 같은 현악기로 이루어져 있어요. 90~120명의 연주자가 함께 연주하기 때문에 웅장하고 아름다운 소리를 낸답니다.

## 겨울에는 왜 볼이 빨개질까?

겨울에 모자를 쓰고 두꺼운 외투를 입고, 장갑을 껴도 얼굴은 찬 공기에 드러나게 되지요. 그래서 몸이 스스로 얼굴에 있는 혈관으로 따뜻한 혈액을 보내 동상에 걸리지 않도록 보호해 주기 때문에 빨개지는 거예요.

## 샌드위치는 누가 만들었을까?

영국의 샌드위치 백작이에요. 18세기 후반에 살았던 그는 카드놀이에 열중하느라 식사 시간이 아까워 두 장의 빵 사이에 고기와 채소 등 몇 가지 재료를 넣어 먹곤 했대요.

거기 서!
네 지문을
발견했다!

# 지문과 DNA로
# 어떻게 범인을 잡을까?

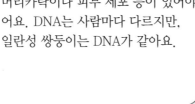

이크,
들켰네.

지문은 소용돌이처럼 휜 부분의 모양이 사람마다 전부 다 달라요. 똑같이 생긴 일란성 쌍둥이라도 지문의 모양은 다르답니다. 지문이 남아 있지 않으면 DNA를 이용해요. DNA 역시 사람의 세포 안에 있는 자신의 정보인데 머리카락이나 피부 세포 등이 있어야 추적할 수 있어요. DNA는 사람마다 다르지만, 일란성 쌍둥이는 DNA가 같아요.

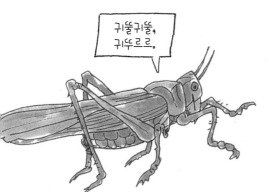

귀뚤귀뚤,
귀뚜르르.

## 귀뚜라미는 어떻게 소리를 낼까?

대부분의 곤충과 마찬가지로 귀뚜라미도 성대가 없어요. 대신 딱딱하고 홈이 파인 두 날개 끝을 서로 비벼서 소리를 내지요.

나는 소리
못 낸다.

## 투탕카멘이 누구일까?

투탕카멘(?기원전 1370~?기원전 1352)은 이집트의 어린 왕이에요. 투탕카멘은 기원전 1361년 겨우 아홉 살의 나이에 왕이 되었고, 열여덟 살에 세상을 떠났어요. 그의 무덤과 진귀한 보물은 그가 묻힌 지 약 3000년이 지난 1922년에야 발견되었지요.

# 열기구

조용히 날아 보고 싶다면 열기구를 타 보세요. 열기구의 풍선 속에 있는 공기가 따뜻해지면 위로 떠올라요. 따뜻한 공기는 바깥의 찬 공기보다 가볍기 때문이에요. 떠오르고 나면 무게를 견딜 수 있는 한 최대로 높이 올라가지요.

# 헬리콥터

오래 날고 싶다면 헬리콥터를 타 보세요. 헬리콥터는 그냥 떠 있거나 한자리를 맴돌 수 있어요. 조종석 지붕에서 돌아가는 날개가 힘과 방향을 조절해요. 어느 정도 속도에 다다르면, 날개가 헬리콥터를 한곳에 머물게 해요.
속도를 높이면 더 높이 올라가고요.

즐겁게 날아 보세요!

이 주변은 늘 뜨겁더라.

# 제트기

빨리 날고 싶다면 제트기를 타 보세요. 엔진 앞부분에 있는 날개가 공기를 빨아들여 고압실로 보내면, 연료와 섞은 다음 태워요. 압력이 높은 뜨거운 공기와 배기가스가 엔진 뒤로 나가면서 제트기를 앞으로 날아가게 해요.

좁은데 왜 자꾸 올라와!

달을 향해 출발!

와!

# 소형 비행선

가볍게 여행하고 싶다면 소형 비행선을 타 보세요. 소형 비행선은 선실이 달린 커다란 풍선인데, 이 풍선에는 공기보다 일곱 배나 가벼운 헬륨 가스가 가득 차 있어요. 이 풍선은 위로 떠오르는 힘이 매우 강해서 엔진 장치와 선실, 관광객까지 모두 들어 올린답니다. 작은 프로펠러와 방향키로 운전하고요.

# 로켓

힘차게 솟아오르고 싶다면 로켓을 타 보세요. 로켓에는 고체나 액체로 된 연료를 넣어요. 로켓이 하늘을 나는 원리는 기본적으로 폭죽과 같아요. 불에 타기 쉬운 물질을 연료실에 채우고 태우면, 뜨거운 가스가 발사되면서 그 힘으로 땅에서 하늘로 솟구쳐 올라간답니다.

# 불꽃놀이는 어떻게 하는 걸까?

폭죽은 화약과 화학 물질, 퓨즈로 이루어지며 두 단계를 거쳐 터져요. 먼저 심지에 불을 붙이면 화약이 불꽃을 터뜨리지요. 그다음에 퓨즈를 통해 화학 물질에 불이 붙으면서 스트론튬은 빨간색, 바륨은 녹색, 구리는 파란색, 나트륨은 노란색 불꽃을 낸답니다.

아이고, 어지러워!

## 빙글빙글 돌면 왜 어지러울까?

귓속에는 우리 몸의 위치와 평형 감각을 담당하는 기관이 있어요. 이 기관 안에 '림프'라고 부르는 물이 들어 있는데 빙글빙글 돌면 이 림프액이 출렁거려요. 그러다 갑자기 멈추면 잠깐 동안은 림프액의 움직임이 그대로 남아 있어서 어지러움을 느끼는 거예요.

나는 북 치는 군인이라네.

## 군인은 왜 경례를 할까?

경례는 군대의 규칙으로 자신보다 계급이 높은 군인에게 존경의 뜻을 나타내는 행동이에요. 손을 이마에 대는 방식은 높은 사람 앞에서 모자를 벗는 관습에서 시작됐어요. 경례할 때 모자를 벗는 건 옛날에 기사들이 귀족에게 이야기할 때 투구를 벗은 데서 비롯되었답니다. 우리 나라와 미국 군인은 경례할 때 손바닥을 밑으로 향하게 하고, 영국의 육군과 공군은 손바닥이 상대방을 향하게 해요.

## 우리 몸에서 가장 큰 기관은?

바로 온몸을 덮고 있는 피부랍니다. 피부의 전체 면적은 어른 남자는 약 1.8제곱미터, 여자는 약 1.5제곱미터 정도 된대요. 피부는 우리 몸의 장기를 보호하고 온도를 유지해 주며, 땀을 배출하는 역할을 해요.

추, 추워요.

쯧쯧, 난 안 춥운데.

## 토네이도는 왜 불까?

토네이도는 덥고 습한 공기가 한꺼번에 위로 올라가면서 빙빙 돌아갈 때 생겨요. 토네이도가 지나가면 집이나 자동차 같은 물체를 하늘 높이 날려 버리기도 해요. 토네이도의 힘이 가장 센 중심 부분이 초속 100미터나 되는 것도 있대요.

나 날려 버리겠다!

덕분에 안 춥네요.

## 지퍼는 언제부터 사용했을까?

1893년에 휘트컴 저드슨이 처음으로 장화와 구두에 지퍼를 달았지만 널리 알려지지는 않았대요. 1913년에 지든 선드백이 쉽게 잘 채워지는 지퍼를 발명했어요. 하지만 지퍼가 크게 관심을 끈 것은 제1차 세계 대전이 한창이던 1917년에 군인 제복에 사용한 후부터였어요.

너무 더워, 이러다 병나겠어.

# 지구가 점점 더워지면 어떻게 될까?

수백만 년 동안 지구는 항상 더웠다가 춥기를 되풀이해 왔어요. 그런데 지난 100년간 평균 기온이 꾸준히 올라갔고, 최근 20년은 더욱 급격히 더워졌대요. 지구가 점점 더워지면 북극의 얼음이 녹아 해수면이 낮은 곳은 가라앉고 말 거예요. 또 생태계가 파괴되지요. 사람들은 지구 온난화를 막기 위해 좀 더 노력할 필요가 있어요.

# 아이스크림콘은 누가 발명했을까?

미국의 이탈로 마르치오니가 1903년에 콘 틀로 특허를 땄어요. 하지만 지금과 같은 아이스크림콘이 등장한 것은 1904년 세인트루이스 박람회에서 사람들이 아이스크림과 와플을 같이 먹기 시작하면서부터랍니다. 와플을 둥글게 말고 그 속에 아이스크림을 넣어 먹으면서 지금의 아이스크림콘 모양이 되었어요.

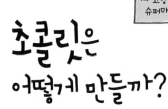

와! 내가 정말 좋아하는 아이스크림!

제 고향은 길 건너 슈퍼마켓인데요.

# 초콜릿은 어떻게 만들까?

초콜릿의 원료는 카카오나무에 열리는 콩이에요. 카카오 콩이 녹으면 액체 카카오가 되지요. 하지만 그대로 먹으면 너무 쓰기 때문에 설탕을 잔뜩 넣어서 굳히면 우리가 먹는 초콜릿이 된답니다.

## 물속 소용돌이는 왜 생길까?

각자 다른 방향으로 향하는 물의 흐름이 서로 부딪치면 소용돌이가 생겨요. 물 위로 바람이 불거나 파도가 치거나 바위를 만날 때도 소용돌이가 나타나요. 무엇이든 휩쓸어 갈 정도로 힘이 매우 강한 소용돌이도 있답니다.

헉!

와!

## 치즈는 왜 구멍이 송송 뚫려 있을까?

치즈 안에 있는 박테리아가 내놓는 가스 때문에 구멍이 생기는 거예요. 치즈의 향과 질감은 박테리아 때문이에요.

## 세계에서 사람이 가장 많은 도시는?

2008년 중국 상하이의 인구가 1,300만 명을 기록했어요. 상하이는 양쯔 강 하류에 있는 중국의 최대 도시로, 공업과 무역이 발달해 많은 사람이 모여 살고 있어요. 우리나라의 수도인 서울의 인구는 같은 해 1,050만 명으로, 전 세계 도시 중 여덟 번째로 인구가 많아요.

전구의 불은
어떻게
켜질까?

전구 안에는 가느다란 필라멘트가 있는데, 잘 녹지 않는 '텅스텐'이라는 금속으로 이루어진 선이에요. 전류가 필라멘트에 열을 가하면 빛이 나지요.
전구 안에는 아르곤이라는 가스를 채워서 산소가 들어가는 것을 막아 빛을 오래 내도록 해요.

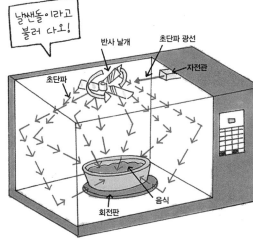

날쌘돌이라고
불러 다오!

반사 날개
초단파 광선
초단파
자전관
음식
회전판

# 전자레인지는
## 어떻게 음식을 데울까?

전자레인지 안에서는 강한 전류가 아주 작은 초단파로 바뀌어요. 이 파동이 전자레인지 안에 퍼지면서 음식을 통과했다가 벽에 부딪쳤다가 다시 음식을 통과하지요. 따라서 보통 오븐과 달리 음식의 겉과 속이 동시에 익는답니다.

## 세상에서 가장 많은 사람이 쓰는 언어는?

가장 많이 쓰는 언어는 영어지만, 많은 사람에게 제2외국어예요. 영어를 쓰는 사람이 8억~15억 명인데, 그중 영어가 모국어인 사람은 3억 5,000명 정도밖에 안 돼요. 모국어로만 따지면 표준 중국어가 가장 많이 쓰여요. 중국 인구만 해도 13억 명이 넘으니 말이에요.

헬로?
(안녕?)

니하오?
(안녕?)

## CD 플레이어에서
### 어떻게 노래가 나올까?

디스크의 동그란 트랙에는 60억 개의 컴퓨터 코드가 들어 있어요. 디스크가 돌면서 레이저로 이 코드를 읽은 후 컴퓨터로 전기 신호를 보내요. 플레이어의 컴퓨터에는 이 신호들이 모두 저장되어 있기 때문에 소리로 바꾸어 내보낼 수 있는 거예요.

## 엑스레이가
### 무엇일까?

광선처럼 에너지가 있는 선인데, 광선과는 다르게 우리 몸을 통과해요. 엑스레이를 찍으면 몸속이 흑백으로 나타나는데, 뼈 조직 같이 촘촘한 부분은 엑스선을 흡수하기 때문에 밝게 보이고, 피부는 통과하기 때문에 어둡게 나와요.

## 레이저가 무엇일까?

아주 강렬하고 한 가지 색을 띠는 빛줄기예요. 레이저로 쇠를 자르거나 다이아몬드를 뚫을 수도 있어요. 최근에는 병원에서 섬세하게 자르는 수술을 할 때 레이저를 사용하고 있지요. 레이저를 이용한 예술 작품도 있답니다. 일상생활에서는 음반을 재생하거나 가게에서 물건 바코드를 찍는 데 이용되지요.

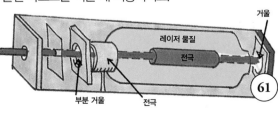

거울

레이저 물질

전극

부분 거울     전극

너희 대장을 만나게 해 다오.

?

# 외계인은 진짜 있을까?

SF 영화에 나오는 외계인은 없어도 화성의 붉은 흙 아래 고체 혹은 액체 상태의 물이 있을지도 모른다고 해요. 목성 둘레를 도는 위성 중 하나인 유로파에도 얼음 겉면 아래에 깊은 바다가 있을지도 모른대요. 그리고 어디든 물이 있다면, 생물도 있을 수 있고요. 대기권 바깥에도 수없이 많은 별과 그 주위를 도는 행성이 있는데, 그중 몇몇은 지구랑 비슷하다고 해요.

# 알파벳은 누가 만들었을까?

고대 이집트 사람들은 동물이나 식물, 인체 일부분을 본떠서 만든 상형 문자를 사용했어요. 기원전 12세기경에 지중해를 중심으로 무역 활동을 벌이던 페니키아 상인들은 이집트의 상형 문자를 변형해서 좀 더 간단한 문자로 만들었어요. 그리스 사람들은 자음만 있던 페니키아 문자에 모음을 더해 그리스 알파벳을 만들었지요. 그리스 알파벳은 로마 인들이 로마 알파벳으로 바꾸면서 지금의 모습과 비슷해졌답니다. 따라서 고대 이집트 문자가 알파벳의 조상이에요.

아싯! 얼음이 좀 말랑말랑하면 좋겠네!

# 스케이트장의 얼음은 왜 녹지 않을까?

스케이트장의 얼음 아래에는 콘크리트로 된 바닥이 있는데, 여기에 얼음을 얼리는 냉각제를 채운 파이프가 깔려 있답니다. 올림픽 링크 같은 곳은 파이프의 길이가 18킬로미터 이상 되지요.

# 새는 모두 노래할까?

모든 새가 노래하는 것은 아니에요. 노래한다고 알려진 새들도 대개는 수컷 새만 노래한다고 해요. 암컷에게 짝짓기할 때가 되었음을 알리거나 위험에 처했을 때 다른 수컷 새들에게 도움을 요청하기 위해서 노래를 하지요.

올림픽
열리는 곳

한번
붙어 볼래?

# 최초의 올림픽은
## 어디에서 열렸을까?

그리스의 올림피아예요. 기원전 776년에 시작되어 4년에 한 번씩 열리던 고대 올림픽은 1200년간 지속되다가 중단되었어요. 이후 1896년에 고대 올림픽이 처음 열린 그리스에서 부활했지요. 우리나라는 1988년 서울에서 제24회 올림픽을 성공적으로 개최했고, 강원도 평창이 2018년 제23회 동계 올림픽의 개최지로 정해졌답니다.

# 왜 왼손잡이보다 오른손잡이가 더 많을까?

뇌에 대해서는 과학자들도 풀지 못한 문제가 아주 많아요. 이 문제도 그중 하나예요. 열 명 중 아홉 명은 오른손잡이인데, 그 이유는 아무도 몰라요.

난
왼손잡이야

# 왜 흐린 날에도 피부가 탈까?

선탠 좀 할까?

구름이 많아서 우리 눈에는 안 보여도 낮에는 늘 해가 나와 있어요. 해는 열기와 빛으로 우리에게 영향을 주는데, 빛 중 6퍼센트는 자외선이에요. 피부가 검게 타는 건 이 자외선 때문이랍니다.

# 구름의 색은
## 왜 여러 가지일까?

난 물방울로 이루어져 있어.

곧 비가 올 것 같아.

난 천둥과 번개를 치고 소나기를 내리기도 해.

우리 주변에 둥둥 떠다니는 수증기가 하늘로 올라가서 물방울이나 얼음 알갱이가 되어요. 구름은 이 물방울이나 얼음 알갱이가 뭉치면서 만들어져요. 구름에 물방울이 많을수록 흰색에서 회색, 회색에서 검은색으로 색이 점점 짙어져요. 검은색 구름이 몰려오면 곧 비가 온다는 뜻이에요.

비 안 와.

비 와.

# 대륙의 모양은 왜
## 퍼즐 조각처럼 딱 맞을까?

거대한 하나의 땅덩어리였다가 갈라졌기 때문이라는 이론이 있어요. 대륙과 바다 밑에는 천천히 움직이는 커다란 받침대가 있어요. 그러니까 대륙의 위치는 항상 아주 조금씩 달라진다고 할 수 있어요.

딱 맞네.

북아메리카

유럽

아시아

아프리카

남 아메리카

오스트레일리아

남극

# 로큰롤이 무엇일까?

로큰롤은 1950년대에 미국에서 생긴 대중음악이에요. 척 베리, 리틀 리처드 등의 흑인 음악가가 연주한 리듬 앤드 블루스 음악에서 비롯되었지요. 그 후로 성가, 포크, 컨트리 등과 결합하여 강한 비트의 열광적인 음악이 탄생했어요. 엘비스 프레슬리의 로큰롤 음반은 전 세계적으로 수백만 장이 팔렸고, 그는 '로큰롤의 제왕'이라는 별명을 얻었답니다.

이건 몰랐네!

# 미라가 무엇일까?

대부분 생각하듯 천으로 감싼 이집트 시체만 뜻하는 건 아니에요. 시체에서 세균과 곰팡이가 자라지 못하면 미라가 되는 거예요. 미라에는 피부나 근육, 장기의 몇몇 조직이 남아 있어요. 고대 이집트 인은 리넨 천으로 시체를 싸고 소다수로 썩는 것을 막는 방부 처리를 했어요. 죽은 후에도 다른 생이 있다고 믿었기 때문에 몸을 그대로 보존하기 위해서였어요. 그러나 몹시 건조하거나 추운 곳에서 자연적으로 미라가 된 사람과 짐승이 발견되기도 해요.

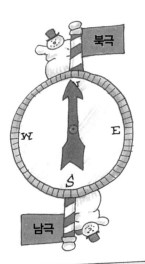

# 나침반의 바늘은
## 왜 항상 북쪽을 가리킬까?

나침반의 바늘은 움직일 수 있는 얇고 가느다란 자석이에요. 지구 역시
극이 있는 커다란 자석이고요. 나침반의 바늘이 북쪽을 가리키는 이유는
확실하진 않지만 아마도 지구 중심인 핵에 흐르는 전기 때문일 거예요.
지구의 북극은 N극, 남극은 S극으로 되어 있어 자석이 다른 극끼리 끌어
당기는 성질을 이용해 나침반을 만든 것이지요.

# 상한 음식은
## 왜 녹색으로 변할까?

와~
맛있겠다!

곰팡이 때문이에요. 곰팡이는 세균의 하나로 이 세상 모든 곳에
살고 있지요. 음식을 축축한 곳에 놓거나 식탁에 그냥 놓아두면
곰팡이가 생겨요. 또 냉장고에 오랫동안 넣어 두고 잊어버린
음식물에도 곰팡이가 필 수 있어요.

# 지구는
## 몇 살일까?

생일 선물
잊어버렸어.

지구가 생긴 지는 46억 년 정도 됐어요. 우주를
떠돌던 여러 가지 물질이 모여서 만들어졌
지요. 그로부터 약 10억 년 후에 물,
산소 등 생명이 살아가는 데 필
요한 물질이 생기면서 조류나
박테리아 같은 원시적인 생명
체가 나타나기 시작했어요.
35억 년 전 원시적인 생명체
모양의 화석이 발견된 적도
있답니다.

가면 예쁘네.

이거 내 얼굴인데!

# 핼러윈에는 왜 변장을 할까?

아주 오래전 영국에 살고 있던 켈트 족은 여름이 가고 추운 겨울이 다가오면 모닥불을 지피고 짐승을 잡아서 잔치를 벌였어요. 이 잔치가 매년 10월 31일 밤에 기념하는 '핼러윈'이에요. 어둡고 추운 겨울에 돌아다닐 귀신을 쫓기 위해 귀신보다 더 무섭게 변장을 했답니다.

미운 아기 오리

내가 주인공 이라고!

## 안데르센이 누구일까?

한스 크리스티안 안데르센(1805~1875)은 덴마크의 동화 작가예요. '동화의 아버지'로 불리며 《벌거벗은 임금님》, 《미운 아기 오리》, 《성냥팔이 소녀》 등 160편 이상의 동화를 남겼어요. 안데르센은 구두 수선공이던 아버지와 청소부 어머니 사이에서 가난하게 자랐지만, 부모님은 옛날이야기를 많이 들려주어 상상력을 길러 주었대요. 어른이 되어 따뜻하고 아름다운 이야기를 쓴 안데르센은 세계에서 가장 사랑받는 동화 작가예요.

## 상처 난 자리에는 왜 딱지가 생길까?

딱지는 자연적으로 생기는 반창고예요. 손을 베면 혈관 속의 건강한 혈액 세포가 다친 세포를 구하기 위해 달려와요. 건강한 세포는 다친 세포가 아물도록 여러 가지 물질을 만들어 내요. 다치면서 난 피는 공기와 만나 엉기고 단단해져서 딱지를 만들지요. 딱지는 피를 멎게 하고 세균을 밖으로 내보내요.

# 레오나르도 다빈치가 누구일까?

나야, 나!

레오나르도 다빈치(1452~1519)는 이탈리아 르네상스 시대에 살았던 위대한 예술가예요. 화가로서 잘 알려졌으며 특히 루브르 박물관에 있는 〈모나리자〉는 세계에서 가장 유명한 작품 중 하나지요. 그 외에도 〈최후의 만찬〉, 〈암굴의 성모〉 등 많은 작품이 있어요. 다빈치는 뛰어난 과학자, 발명가, 기술자, 건축가, 디자이너이기도 했어요.

## 운동을 많이 하면 왜 온몸이 아플까?

팔꿈치를 굽히고 주먹을 꽉 쥔 다음 팔에 힘을 줘 보세요. 근육이 불룩하고 딴딴해진 게 느껴지지요? 다시 힘을 빼면 근육이 풀어져요. 근육을 조였다 풀었다 할 때 몸에서 젖산을 만들어 내는데, 그 때문에 쑤시고 피곤한 느낌이 드는 거예요.

## 땅콩은 어떻게 자랄까?

식물 대부분은 태양을 향해 자라지만 땅콩은 달라요. 꼬투리가 아래로 향하면서 점점 더 흙 속으로 파묻히지요. 열매도 땅속에서 열린답니다.

우리는 거꾸로 자란단다.

# 쓰나미가 무엇일까?

쓰나미는 바다 밑에서 일어나는 지진 때문에 생긴 해일을 말해요. 바닷속에서 화산 폭발이나 지진이 일어나면 파도가 높아져 해일이 발생하지요. 쓰나미는 속도가 매우 빠르고 힘이 세서 엄청난 높이의 파도를 일으켜 큰 피해를 주기도 해요. 2004년에 동남아시아에서 일어난 쓰나미 때문에 수많은 사람이 죽었어요. 또 2011년에는 이웃 나라 일본에서 발생한 쓰나미로 원자력 발전소가 폭발하는 큰 사고가 있었답니다.

빠르네.

그래서 내가 어지러운가?

# 지구가 움직이는 것을 왜 느끼지 못할까?

뭐가 움직인다는 거야?

지구의 중심으로 잡아당기는 힘인 중력 때문에 우리 발은 단단하게 땅에 붙어 있어요. 지구는 매우 빠른 속도로 움직이지만, 우리가 그것을 느끼지 못하는 이유는 지구의 중력으로 인해 우리가 지구의 겉면에 매우 가깝게 붙어 있고 늘 같은 속도로 움직이기 때문이지요.

# 초콜릿은 언제부터 먹었을까?

약 2600년 전 중앙아메리카의 마야 인들이 카카오 콩으로 만든 음료를 마시기 시작했어요. 그리고 15세기 말 콜럼버스가 멕시코 지방에서 유럽으로 카카오 열매를 전했어요. 딱딱한 고체 형태의 초콜릿은 1828년에 네덜란드의 반 호텐이 처음 만들었지요.

맛있는 초콜릿!

더 맛있는 초코 바.

# 세상에서 가장 긴 동굴은?

미국 켄터키 주의 매머드 케이브 국립 공원에 세계에서 가장 긴 동굴이 있어요. 매머드 동굴과 플린트리지 동굴은 이어져 있는데, 두 동굴의 길이를 합하면 전체 길이가 630킬로미터나 된대요!

도대체 끝이 어디야?

## 두더지는 어떻게 땅속에서 살 수 있을까?

튼튼한 앞발, 발달된 코와 귀 덕분이지요. 두더지는 앞발로 땅속에서 끊임없이 구멍을 파면서 돌아다녀요. 그러다가 애벌레 같은 작은 벌레들을 찾아서 잡아먹지요. 두더지가 파 놓은 구멍은 터널처럼 다른 두더지들의 보금자리와 이어져 있어요. 두더지는 눈이 아주 작고 시력도 나쁘지만, 후각과 청각이 발달해서 어두운 땅속에서도 잘 지낼 수 있답니다.

두더지 집

## 카멜레온은 왜 몸의 색을 바꿀까?

적의 눈에 띄지 않기 위해서예요. 카멜레온은 위험으로부터 자신을 보호하는 색소 세포가 아주 많아 주위 환경과 같은 색으로 몸의 색을 바꿀 수 있어요. 한자리에 계속 머무르면 색소 세포가 주변과 어울리는 색으로 바뀌어요. 또 기분에 따라서도 몸 색깔을 바꿀 수 있다고 해요.

감쪽같지?

# 물이 가장 많은 폭포는?

아프리카의 콩고 민주 공화국이라는 나라에 있는 보요마 폭포예요. 1초당 떨어지는 물의 양이 무려 1,700만 리터랍니다. 미국 폭포 중 최고인 나이아가라 폭포보다도 거의 세 배가 많은 양이에요.

# 거울에 내 얼굴이 보이는 이유는 뭘까?

우리가 물체를 보는 것은 빛이 물체의 겉면에서 튀어나와 다시 우리 눈으로 들어오기 때문이에요. 거울은 유리 뒷면에 화학 약품을 발라서 만들어요. 거울 앞에 서면 빛이 우리 몸에 부딪혔다가 코팅된 거울로 향하는데, 그 모습을 우리 눈으로 보게 되는 것이지요.

역시 난 멋져.

젤리 맛은 아니에요.

# 해파리가 무엇일까?

자포동물의 하나로, 바닷가에 떠다니며 생활하지요. 척추가 없으니 물고기는 아니에요. 해파리의 몸은 젤리처럼 투명하고 컵을 엎어 놓은 것처럼 생겼어요. 해파리에게 물리면 따가운 느낌이 드는데, 이는 해파리가 먹이를 잡으려고 쏜 독 때문이에요.

# 태양에 있는 까만 점이 뭘까?

나는 점 같은 거 없어!

태양에 구멍처럼 보이는 까만 점은 '흑점'이라고 해요. 흑점은 태양의 겉면 가운데 자기장 때문에 생기는 온도 변화가 드러나는 지점이에요. 태양의 겉면 온도는 섭씨 6,000도 정도인데, 흑점은 섭씨 4,000도 정도라고 해요.

# 우주 공간에서는 정말 몸무게가 줄어들까?

달로 이사 가야겠어!

우주 공간은 중력의 힘이 닿지 않기 때문에 무게를 잃어요. 그래서 우주에서는 몸무게가 가벼워지지요. 우주 정거장 같은 무중력 공간에서 잠깐이라도 시간을 보내게 되면 몸무게가 가벼워지는 만큼 뼈에서 칼슘이 빠져나가고 근육이 약해지지요. 하지만 지구로 돌아오고 나면 회복할 수 있어요.

# 가장 큰 도서관은 어디에 있을까?

책을 너무 많이 가져왔나?

미국 워싱턴 D.C.에 있는 미국 의회 도서관이에요. 3,000만 권 이상의 자료가 있다고 하니 가기 전에 무엇을 찾아볼지 확실히 정하는 게 좋겠지요? 책이 꽂힌 책장 길이가 1,000킬로미터가 넘으니 길 잃지 않도록 조심하세요.

# 화산은 왜 폭발할까?

화산 분출은 땅속 깊은 곳에서 일어나는 폭발이에요. 화산은 지각이 움직이거나 뒤틀려서 생겨난 구멍이지요. 이 구멍 안에는 뜨거운 마그마(지각 내부에서 녹은 암석)와 가스가 부글부글 끓고 있어요. 이때 마그마의 압력이 커져 한계에 이르면 "펑!" 하고 화산 중심에서 뿜어져 나와요.

내가 2500년만 늦게 태어났어도 영화배우가 되는 건데 말이야.

뚜껑 열렸어!

## 최초의 연극은 언제 공연되었을까?

아주 오래전, 기원전 500년 정도예요. 첫 연극 배우들은 그리스 인이었지요. 그들은 슬픈 이야기 또는 재미있는 이야기를 써서 연극으로 만들었어요. 그중에는 지금까지 전해 내려오는 것도 있답니다.

난 재미있는 연극용이야!

난 슬픈 연극용!

# 가을에는 왜 나뭇잎 색이 변할까?

가을이 왔네.

하늘이 무너진다!

나무가 겨울 동안 수분을 덜 빼앗기려면 될 수 있는 한 나뭇잎을 많이 떨어뜨려야 해요. 그래서 나뭇잎과 가지 사이에 얇은 막을 만들어 영양분과 수분이 나뭇잎으로 빠져 나가는 것을 막지요. 이때 나뭇잎을 푸르게 하는 엽록소가 파괴되면서 색이 변하는 거예요.

# 달은 왜 모양을 바꿀까?

달은 그대로인데 우리 눈에만 다르게 보이는 거예요. 한 달에 한 번 지구 주위를 도는 달은 태양 빛을 반사해요. 우리는 지구가 태양의 어디쯤 있는지에 따라 달의 전체 모습을 보기도 하고, 일부만 보기도 한답니다.

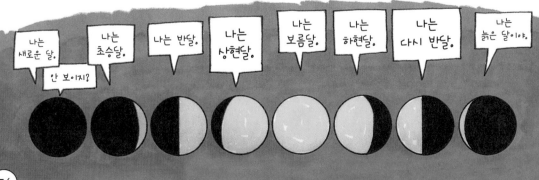

나는 새로운 달. 안 보이지?

나는 초승달.

나는 반달.

나는 상현달.

보름달.

나는 하현달.

나는 다시 반달.

나는 늙은 달이야.

# 전기뱀장어는
## 어떻게 전기를 만들까?

전기뱀장어의 근육 조직 안에는 '전기판'이라 부르는 약 5,000개의 세포가 있어요. 전기뱀장어는 주로 위험에 처하거나 먹이를 잡을 때 전기를 일으키지요. 1.8미터 길이의 남아메리카 전기뱀장어는 전구 12개를 밝힐 수 있을 정도로 엄청난 전력을 낸대요.

우리 친척인가?

놀라운데!

# 산호가 무엇일까?

산호는 자포동물에 속해요. 입 부분에 있는 수많은 촉수로 동물성 플랑크톤을 잡아먹지요. 산호는 단단한 뼈대가 부드러운 몸을 덮고 있는데, 몸이 죽으면 뼈대만 남아요. 어떤 산호는 커다란 무리를 이루기도 해요. 산호는 꽃 모양, 부채 모양, 손가락 모양, 심지어 뇌 모양 등 생김새가 다양해요.

# 물고기는 왜 안 가라앉을까?

물고기의 몸에는 물에 뜨게 하는 '부레'라는 기관이 있어요. 부레는 마치 풍선 같아서 안에 들어 있는 공기의 양을 조절할 수 있지요. 부레를 조절해서 물고기는 균형을 잡는답니다.

몸이 둥둥 뜨네!

# 날지 못하는 새도 있을까?

타조나 닭, 펭귄 같은 새는 날지 못해요. 특히 타조의 무겁고 커다란 몸은 날기에 적당하지 않아요. 크기가 작은 새들은 가슴 근육이 발달해서 날갯짓을 잘할 수 있는데 큰 새는 그렇지 않답니다.

못 날면 어때? 이 긴 다리로 어디든 간다고.

웬 편지를 이렇게 쓴담.

# 최초의 우표는 무엇일까?

1840년 영국에서 빅토리아 여왕의 초상이 담긴 '페니 블랙' 우표가 6,000만 장 발행되었어요. 최초로 발행된 페니 블랙은 1991년에 약 200만 달러에 팔렸답니다. 우리나라 최초의 우표는 1884년 우정총국이 설치되고 업무를 개시한 날 발행한 문위우표예요.

## 수탉은 왜 새벽에 울까?

수탉이 우는 건 암탉에게 짝짓기하자는 신호예요. 이른 새벽이나 초저녁같이 어두울 때만 우는 건 적의 눈에 띄지 않게 하기 위해서랍니다.

# 과학자들은 어떻게 화석의 나이를 알아낼까?

화석에는 핵 방사능이 아주 조금 있는데 방사능은 수천 년에 걸쳐 규칙적으로 조금씩 줄어들어요. 과학자들은 뼈를 가져다가 방사능의 수치가 얼마나 달라졌는지 측정해서 화석 속 식물이나 동물이 얼마나 오래전에 살았는지 알아내는 거예요.

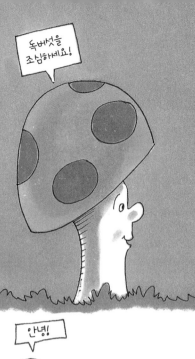

독버섯을 조심하세요!

## 버섯은 몇 종류나 있을까?

약 1,500여 종이나 있어요. 버섯은 퇴비에서 자라는 것, 나무를 부패시켜 영양분을 얻는 것, 나무의 잔뿌리에 기생하는 것, 동식물에서 일방적으로 영양분을 흡수하는 것으로 나눌 수 있어요. 이 중에 우리가 먹을 수 있는 버섯은 전체의 2퍼센트밖에 안 된답니다. 독버섯은 식용 버섯과 비슷하게 생겼으니 조심하세요!

## 전 세계에 몇 가지 언어가 있을까?

약 3,000가지의 언어가 있는데, 가장 단어가 많은 언어는 영어예요. 60만 개의 단어가 있고 설명하는 말도 40만 개나 돼요. 하지만 그걸 다 아는 사람은 없으니 긱정하지 마세요. 영국의 작가 셰익스피어도 3만 3,000단어만 사용했대요.

안녕! 한국
니하오! 중국
봉주르! 프랑스
구텐탁! 독일
야수! 그리스
나마스테! 인도
본조르노! 이탈리아
오하요! 일본
구모르겐! 노르웨이
지엔 도브리! 폴란드

헬로! 미국
잠보! 케냐
부에노스 디아스! 스페인
즈드라스트부이치! 러시아
봄디아! 포르투갈

# 타지마할을 만든 사람은 누구일까?

인도 북부에 있는 타지마할은 샤 자한 황제가 죽은 아내를 위해 만든 무덤이에요. 아내의 이름은 '황궁의 보석'이라는 뜻을 지닌 뭄타즈 마할이었는데, 이 이름을 따서 타지마할이 된 거예요. 여러 개의 궁전과 그 모습을 비춰 주는 수조, 정원이 있는 이 커다란 무덤은 무려 20년 동안 2만 명의 일꾼이 만들었다고 해요. 타지마할은 1648년에 완성되었으며, 후에 샤 자한도 이곳에 묻혔어요.

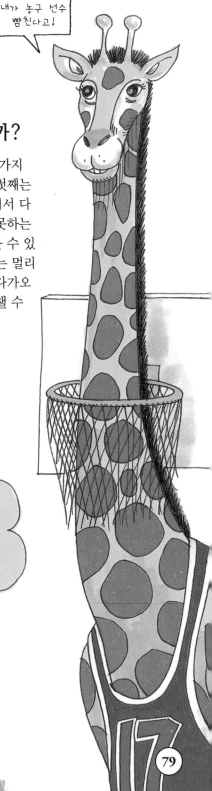

내가 농구 선수 뺨친다고!

# 기린은 왜 목이 길까?

기린의 긴 목은 두 가지 면에서 중요해요. 첫째는 나무 꼭대기에 달려서 다른 동물들이 먹지 못하는 잎사귀를 뜯어 먹을 수 있다는 거예요. 둘째는 멀리서 위험한 짐승이 다가오는 것을 일찍 알아챌 수 있다는 점이지요.

## 왜 잠을 꼭 자야 할까?

일어나서 학교 가고, 밥 먹고, 뛰어다니고, 생각하고, 공 던지기를 하며 우리의 몸은 온종일 움직여요. 노폐물이 쌓이고 몸이 점점 둔해지면 우리는 피로를 느끼지요. 잠은 우리 몸, 특히 뇌가 휴식을 취하는 시간이에요. 그러니 잠을 잘 자야 힘이 다시 불끈 솟아나겠지요?

어머!
깜짝이야.

# 거품벌레가 무엇일까?

몸길이가 1.2센티미터로 조그마한데 폴짝폴짝 뛰어
다녀서 작은 개구리처럼 보이는 벌레예요. 어른이
되기 전에는 나뭇잎이나 줄기에 붙어 배에서 만들어
낸 거품 속에 살아요. 그래서 '거품벌레'라는 이름이
붙었지요.

# 소름은 왜 돋을까?

추위를 느끼면 몸에 있는 털이 곤두서는데, 이때 피부가
오그라들면서 오돌토돌 일어나는 것이 소름이에요. 몸
은 체온을 유지하려고 애쓰지만, 사람의 털로는 그다지
소용이 없어요. 만일 우리에게 동물의 털이나 깃털이 있
다면 그 사이로 온기를 유지하며 추위를 물리칠 수 있을
텐데 말이에요.

덜덜덜,
너무 추워!

# 아이스크림을
## 만든 사람은 누구일까?

역사학자들은 이탈리아의 카트린 데 메디치가 요리사
베르나르도 부엔탈렌티의 도움을 받아 1533년에 '크림
얼음'을 프랑스에 소개했다고 말해요. 이 크림을 바른
차가운 과자는 1700년대에 미국에 전해져 인기를 얻은
후에야 '아이스크림'이라고 불렸어요. 1851년에는 야곱
후셀이라는 낙농업자가 처음으로 아이스크림 공장을
세우면서 싼값에 아이스크림을 먹을 수 있게 되었지요.

맛있겠다,
꿀꺽.

# 철새는 어디로 갈지 어떻게 알까?

옛날에 선원들이 했던 것처럼 별과 태양의 위치를 보기도 하고 해안선이나 산 같은 지리적 요소로 길을 찾는다고 추측해요. 몇몇 과학자는 새가 길을 찾는 데 지구의 자기장을 이용한다고 하는데, 아직 증명된 이론은 아니에요.

# 뇌의 무게는 얼마나 나갈까?

뇌의 무게는 몸무게의 2퍼센트 정도예요. 만일 몸무게가 100킬로그램이면 뇌는 2킬로그램이란 뜻이지요. 하지만 무게와 비교하면 뇌에 필요한 요소는 열 배쯤 많아요. 우리가 숨 쉬는 공기의 20퍼센트, 우리가 먹는 음식의 20퍼센트, 전체 혈액의 15퍼센트를 뇌가 사용하지요.

# 최초로 화장을 한 사람은 누구일까?

일본 배우, 아프리카 춤꾼, 이집트 공주, 로마 황후였어요. 사람들은 고대부터 화장을 했어요. 약 2000년 전 이집트의 여왕 클레오파트라는 위 눈꺼풀과 눈썹에는 까만색을, 눈 아래에는 짙은 녹색을 칠했어요. 로마에서는 볼과 입술을 붉게 칠했고요.

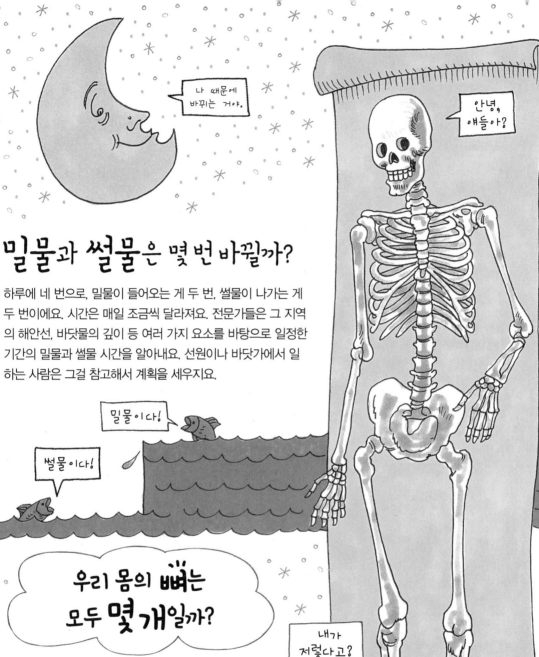

# 밀물과 썰물은 몇 번 바뀔까?

하루에 네 번으로, 밀물이 들어오는 게 두 번, 썰물이 나가는 게
두 번이에요. 시간은 매일 조금씩 달라져요. 전문가들은 그 지역
의 해안선, 바닷물의 깊이 등 여러 가지 요소를 바탕으로 일정한
기간의 밀물과 썰물 시간을 알아내요. 선원이나 바닷가에서 일
하는 사람은 그걸 참고해서 계획을 세우지요.

# 우리 몸의 뼈는 모두 몇 개일까?

태어날 때는 300개 이상 있는데 어른이 되면서
206개 정도로 줄어요. 자라는 동안 작은 뼈들이
서로 이어져 크고 강한 뼈로 변하
거든요. 반 이상의 뼈가 손과
발에 있고 크기가 가장 큰 건
넓적다리뼈, 가장 작은 건
귓속에 있는 이소골이에요.

# 세상에서 가장
# 높은 폭포는?

남아메리카 베네수엘라 남동부의 볼리바르 주에 있는
앙헬 폭포는 벼랑 끝에서 강바닥까지의 높이가 979미터
나 돼요. 막힘없이 물이 떨어지는 높이는 807미터고요.

여기
물 한 잔
주세요.

# 낙타는 물 없이
## 얼마나 지낼 수 있을까?

낙타는 사막에서 꼭 필요한 동물이에요. 물을 마시지
않고 지낼 수 있는 시간은 걷는 속도와 싣고 있는 짐
의 무게에 따라 달라지는데, 천천히 힘들지 않게 여
행한다면 6~10일까지 견딜 수 있어요. 낙타는 등에
있는 혹에 지방을 저장해 두었다가 음식이 모자라면
대신 쓴답니다.

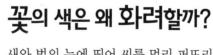

# 꽃의 색은 왜 화려할까?

새와 벌의 눈에 띄어 씨를 멀리 퍼뜨리기 위해서지요.
새와 벌이 몸에 꽃가루를 묻혀 꽃의 이 부분에서 다른
부분으로, 이 꽃에서 저 꽃으로 옮겨 주거든요.

## 뱀의 길이는 얼마나 될까?

만일 뱀이 똑바로 선다면 3층 창문에서 뱀을 마주 볼 수 있을 거예요. 이렇게 긴 뱀으로는 아나콘다 그 물무늬비단뱀이 있어요. 둘 다 땅에서 기어 다니는 게 정말 다행이지요!

## 파도타기는 누가 처음 했을까?

미국의 쿡 선장이 1778년 하와이를 발견했을 때, 원주민들이 파도를 타고 있었어요. 당시에는 크고 무거운 널빤지를 썼었는데, 1930년대 들어 작고 가벼운 보드가 발명되면서부터 사람들 사이에서 인기를 얻기 시작했어요.

경주할까?

좋지!

# 빛은 얼마나 빠를까?

빛은 1초에 30만 킬로미터를 가요. 지구의 둘레는
약 4만 킬로미터니까, 1초 동안 빛이 지구를
일곱 바퀴 반이나 돌 수 있다는 얘기예요!

# 가장 빨리 나는 곤충은?

잠자리는 1시간에 48킬로미터를 날아갈 수 있
어요. 하지만 날갯짓은 1초에 25~40번으로,
작은 곤충에 비해서 천천히 하는 편이에요.
모기는 1초에 600번이나 날개를 움직이지만,
1시간 동안 겨우 1.6킬로미터 정도밖에 못 간
답니다.

좋아, 드디어 완성이다!

# 디즈니가 누구일까?

월트 디즈니(1901~1966)는 유명한 영화 제작자
예요. 가장 잘 알려진 영화 주인공은 '미키 마우
스'지요. 미키는 1928년 디즈니의 첫 유성 만화
영화 〈증기선 윌리〉에 처음으로 등장했는데, 디
즈니가 직접 미키의 목소리를 맡았답니다. 디즈
니는 1937년에 첫 장편 만화 영화 〈백설 공주와
일곱 난쟁이〉를 만들었고, 1955년에 테마파크인
디즈니랜드를 완성했어요.

찍찍!

안녕,
선인장아.

안녕,
장미야.

# 식물에 왜 가시가 있을까?

동물들에게 먹히지 않으려면 식물도 자신을 보호해야
한답니다. 가시는 식물의 무기인 셈이에요. 가시 돋친
선인장을 한번 깨물어 본 짐승은 다시는 쳐다보지도
않겠지요?

앗, 뜨거워!

# 지구의 중심에는
## 무엇이 있을까?

과학자들은 지구가 네
겹으로 이루어져 있다
고 해요. 맨 위 30킬로
미터 정도를 '지각'이라고 하
지요. 그 아래로 3,000킬로미터는 '맨
틀'이에요. 맨틀 아래 2,000킬로미터는 '외핵'으
로 뜨거운 액체 상태예요. 그리고 가장 안쪽에
두께가 1,200킬로미터인 섭씨 6,500도의 뜨겁
고 단단한 암석인 '핵'이 있어요.

# 물이 끓으면 어떻게 될까?

물은 섭씨 100도에서 수증기, 즉
기체로 변해요. 모든 액체는 어
느 지점까지 열을 가하면 기체가
돼요. 열은 물 분자의 결합을 약
하게 해서 점점 흩어지는 가벼운
기체로 만들어요.

# 조개껍데기는
## 무엇으로 만들어질까?

달팽이나 조개 같은 연체동물은 뼈가 사람처럼 몸속에
있는 게 아니라 바깥쪽에 있는데, 그게 바로 우리가 보
는 껍데기예요. 조개류는 물속에 있는 석회석으로 껍
데기를 만들어요. 안에 있는 동물이 자라면서 껍데기
도 같이 커지지요.

재도 우리
친구야?

?

?

달에는 확실히 토끼가 안 사네요!

# 달에 처음
# 발을 디딘 사람은?

아폴로 11호의 선장인 닐 암스트롱이에요. 1969년 7월 20일, 닐 암스트롱과 버즈 올드린은 세계 최초로 달에 착륙했어요. 닐 암스트롱은 달에 첫발을 내디디면서 "이것은 한 사람에게는 작은 한 걸음에 지나지 않지만, 인류에게는 위대한 도약이다."라는 말을 했어요.

## 왜 **찬물**보다 **따뜻한 물**에서
## 더 깨끗하게 씻길까?

몸에 묻은 이물질은 따뜻한 물에서 더 잘 녹고 비누도 따뜻한 물에서 기름기를 잘 없애요. 병균도 뜨거운 물에서 잘 죽고요.

## 뱀은 다리도 없는데 어떻게 움직일까?

뱀의 몸은 비늘로 덮여 있어요. 특히 배에 있는 비늘은 울퉁불퉁한 곳에 밀착해 비늘을 세우고 눕힐 수 있어요. 이 비늘을 바닥에 걸리게 하고 근육으로 몸을 앞으로 미는 것이랍니다. 부드러운 등뼈 덕분에 몸을 마음대로 구부릴 수 있어요.

나도 내가 신기해요.

# 일 년은 왜 365일일까?

한 해의 날 수는 해를 기준으로 정한 거예요. 태양일은 지구가
축을 중심으로 한 바퀴 도는 데 걸리는 시간이에요. 태양년은
지구가 태양 주위를 한 바퀴 도는 데 걸리는 태양일의 수예요.
정확하게 365일 5시간 48분 46초랍니다.

# 번개는 얼마나 뜨거울까?

섭씨 3만 도 정도로, 태양의 겉면보다 다섯
배나 더 뜨거워요. 번개가 한 번 칠 때의 전
기 에너지는 100와트 전구 10만 개를 1시간
동안 켤 수 있을 만큼 크다고 해요. 번개가
칠 때는 안전한 곳으로 몸을 피하세요. 절대
이기려고 하면 안 돼요. 번개는 1초에 9만
5,000킬로미터를 달릴 수 있으니까요!

# 알렉산드로스가 누구일까?

알렉산드로스 대왕(기원전 356~기원전 323)은 스무 살에 마케도니아의 왕이 되었어요. 그는 세
계를 정복하기 위해서 그리스부터 이집트, 멀리 인도까지 영토를 넓혔어요. 그 모든 일을 불과
13년 만에 해냈지요! 하지만 안타깝게도 서른세 살의 젊은 나이에 세상을 떠났어요.

# 공룡은 왜 멸종되었을까?

16억 년이나 살아온 공룡이 왜 멸종되었는지 과학자들도 확실히 알 수 없대요. 이에 대해 여러 가지 의견이 있어요. 기후가 변하면서 식물과 동물이 살기에 너무 더워졌다는 의견, 운석이 충돌하면서 생긴 먼지가 태양을 가로막아 극심한 추위가 왔다는 의견, 화산이 폭발하면서 강한 방사선이 퍼졌다는 의견 등이 있지요. 그 밖에 질병, 해수면 높이의 변화, 대륙 분열, 포유류가 공룡의 알을 먹어 버렸기 때문이라는 말도 있어요. 무엇이 정답인지는 아마 알아내기 어려울 거예요.

## 돌고래는
### 정말 똑똑할까?

돌고래는 뇌 크기의 비율이 사람과
비슷해요. 하지만 사람의 두뇌보다
훨씬 단순하지요. 돌고래는 호기심
과 장난기가 많아서 빨리 배워요.
또 몇몇 단어를 알아듣기도 해요.

알래스카

## 미국은 어떻게 알래스카를 얻게 되었을까?

1866년 미국의 국무장관 윌리엄 수어드는 러시아 외교관과 계약을 맺었어요. 당시
러시아는 돈이 필요했고, 미국은 땅이 필요했거든요. 수어드는 앤드루 존슨 대통령
을 설득해 마침내 1867년, 720만 달러를 내고 알래스카를 얻게 되었어요. 그게 돈 낭
비라고 생각한 미국 국회의원들은 어리석은 짓이리며 비웃었어요. 하지만 얼마 후
그 땅에서 엄청난 양의 금광과 유전이 발견되었고, 수어드는 영웅이 되었지요.

## 파도는 어떻게 생길까?

파도는 물이 아니라 바람 때문에 생겨요. 바람이 바다 위를 가로질러 지나가면서 물을 일으킨다
고 생각해 보세요. 바람이 세게 불면 파도는 더 커지고, 바람이 잠잠해지면 파도가 조금밖에 솟
지 않겠지요? 폭풍우가 친다면 파도가 20미터 높이까지도 일어날 수 있어요.

# 최초의
## 여성 우주인은 누구일까?

1963년 6월, 구소련의 발렌티나 테레시코바가 여자 최초로 우주여행을 했어요. 그녀는 보스토크 6호를 타고 71시간 동안 우주에 머물렀어요. 우리나라에서는 2008년에 이소연이 최초의 우주인이자 여성 우주인으로서 우주 정거장에 머물렀어요.

## 아기는 어떤 꿈을 꿀까? 동물도 꿈을 꿀까?

아기는 어른보다 더 많은 시간을 꿈꾸면서 보내요. 꿈은 새롭게 겪은 일들을 정리해 삶의 다른 부분과 맞추어 가는 거예요. 아기들은 매 순간이 새로우니 꿈도 많이 꾸겠지요. 그러나 동물은 달라요. 파충류나 물고기의 뇌는 우리와는 달라서 기억이나 학습하기가 매우 어려워요. 하지만 원숭이나 고양이 같은 포유류는 꿈을 꿀 수도 있어요.

## 로켓은 우주에서 어떤 소리를 낼까?

한 손으로 손뼉을 치는 것처럼, 아무 소리도 나지 않아요. 소리는 공기를 채운 분자의 움직임인 '음파' 때문에 생겨요. 우주에는 공기가 없기에 음파도, 소리도 없답니다.

## 소방관은
### 어떻게 불을 끌까?

불이 붙으려면 타는 물질, 높은 온도, 산소가 필요해요. 나무, 종이, 천에 불이 붙었을 때는 물을 뿌려 열을 흡수해요. 그러나 전기 때문에 불이 났을 때는 물을 뿌리면 오히려 더 크게 번지고, 기름이나 가스가 섞인 불에도 물이 소용없어요. 이럴 때는 소화기를 이용해 산소를 재빨리 차단해야 해요. 가스 때문에 일어난 불은 작은 물 분자와 거품을 뿌려 불을 덮어서 끈답니다.

## 백신이 무엇일까?

백신은 어떤 질병에 대한 저항력이나 면역력을 가지게 해 주는 약이에요. 수두, 홍역, 소아마비 같은 병에 걸리면 몸이 매우 아파요. 하지만 그 병의 바이러스를 아주 조금 몸속에 넣어 주면, 우리 몸이 그 바이러스와 싸우면서 항체를 만들어 두었다가 언제든 다시 들어오면 공격해서 쫓아내 버릴 수 있답니다.

너, 예방 주사 안 맞았구나?

# 검투사는 어떤 사람일까?

누구든 덤비라고!

로마 제국에는 '검투사 경기'라는 잔인한 오락이 있었어요. 커다란 경기장에서 전쟁에서 잡힌 포로와 노예, 범죄자가 서로 싸우도록 하고 구경꾼들이 지켜보았지요. 싸움은 대개 한쪽이 상대방을 참혹하게 죽여야 끝났어요.

# 다이아몬드는
## 왜 반짝반짝 빛날까?

다이아몬드가 빛을 많이 만들어 내기 때문이지요. 다이아몬드는 땅속에서 높은 열과 힘을 받아 생긴 순수한 탄소 결정체예요. 하지만 자연 상태에서는 빛이 나지 않아요. 다이아몬드는 다른 어떤 물질보다 빛을 구부리고 반사하는 능력이 뛰어나기 때문에 다이아몬드 원석을 깎아 여러 개의 면을 만들면 빛이 많아져 반짝반짝 빛나 보인답니다.

# 로봇은 무슨 일을 할까?

무슨 일이든 시켜만 주세요.

로봇은 몸 안에 컴퓨터 작동 명령을 넣어 놓은 기계로, 같은 일을 항상 똑같이 되풀이하는 것에 능숙해요. 자동차에 색을 입히기도 하고 무거운 물건을 들어 올리기도 해요. 사람이 들어가기에는 너무 위험한 방사능 지역이나 뜨거운 장소에 대신 들어갈 수도 있지요. 요즘에는 기술이 발달해서 사람들의 질문에 대답하는 로봇, 계단을 오르내리는 로봇까지 만들어졌어요. 앞으로는 사람과 로봇이 조화를 이루며 함께 살아가는 세상이 올 거예요.

## 해적의 보물이 발견된 적이 있을까?

지금으로부터 300년 전 바하마 연안에서 해적선끼리 싸움을 벌였지요. 그때 바닷속으로 가라앉았던 위더호를 1984년에 발견했는데 배 안에는 무려 10만 개가 넘는 보물이 가득했답니다. 아프리카에서 만든 황금 장신구를 비롯한 귀한 보물이 300년 가까이나 바닷속에 묻혀 있었다니 정말 놀랍지요?

## 공기는 무엇으로 이루어졌을까?

공기는 눈에 보이지 않지만, 아무것도 없는 것은 아니에요. 공기에는 질소가 대부분이고 산소 약간, 수증기와 아르곤이 아주 조금 섞여 있답니다.

## 고양이는 왜 위험에서 잘 벗어날까?

고양이는 매우 날쎄고 몸이 부드러운 데다 균형 감각이 뛰어나요. 높은 곳에서 떨어져도 사뿐히 착지하고, 좁은 공간도 쉽게 들어갔다 나올 수 있어요. 그래서 고양이는 위험한 상황에서 쉽게 벗어날 수 있지요.

# 파리는 왜 눈이 클까?

곤충 대부분은 수정체가 여러 개인 '겹눈'
이에요. 잠자리 눈에는 수정체가 무려
30만 개나 있대요. 파리는 머리 대부분
을 차지할 정도로 수정체가 많지만,
위치가 각각 달라서 앞을
뚜렷하게 볼 수는 없어요.
하지만 사방을 동시에 볼
수는 있지요. 그래서 파리를
잡기가 그토록 어려운 것이랍니다.

여기는 천국이야!

쓰레기장

# 내가 버린 쓰레기는 어디로 갈까?

쓰레기의 종류에 따라 나누어 쓰레기장으로 보내져요. 한 사람이 일 년 동안 버리는 쓰레기는 무려 600킬로
그램이나 돼요. 어떤 쓰레기는 땅에 묻어 천천히 썩히고, 어떤 것은 불에 태워요. 음료수 캔 같은 재활용 쓰
레기는 잘게 잘라 깨끗이 씻은 다음 녹여서 다시 써요. 종이, 유리병, 플라스틱도 재활용할 수 있어요. 요즘
에는 쓰레기 처리장에서 발생하는 가스를 에너지로 다시 쓰기도 하고, 쓰레기 매립지를 공원으로 만드는 등
계속해서 노력하고 있어요.

## 상어는 모두 위험할까?

모든 상어가 위험한 것은 아니에요. 전 세계에 약 250여 종의 상어가 있는데, 그중 사람을 공격하는 위험한 상어는 10여 종뿐이에요. 특히 백상아리는 성질이 매우 사나워요. 반면에 고래상어는 덩치가 아주 크지만, 주로 플랑크톤을 먹고 잠수부가 지느러미를 잡고 헤엄쳐도 될 정도로 순하답니다.

아무도 나랑 놀지 않아.

인사도 좋지만 바나나가 더 좋아!

## 오랑우탄은 어떻게 수화를 배울까?

난 도대체 아빠야, 엄마야?

# 새끼를 낳는 수컷도 있을까?

해마는 수컷이 알을 품지요. 암컷이 수컷 배에 있는 주머니에 알을 낳으면 수컷은 그 알을 소중히 품어요. 새끼들이 알에서 깨어나도 한동안 품고 있다가 6주쯤 지나면 배에 힘을 주어 바깥으로 내보낸답니다.

# 나비와 나방은 어떻게 다를까?

나비는 낮에 날아다니고, 나방은 밤에 날아다녀요. 나비의 더듬이 끝에는 혹이 달렸지만, 나방의 더듬이에는 털이 달렸지요. 또 나비는 몸이 길고 날씬하지만, 나방은 짤막해요. 하지만 둘 다 날개를 잡으면 손에 가루가 묻는답니다. 이것은 결국 둘이 같은 종이라는 것을 뜻하지요.

조련사의 손을 보고 똑같이 따라 해요. 잘하면 바나나 같은 간식을 상으로 받지요. 두 가지 동작을 합쳐서 "밥 주세요." 같은 문장을 만들 수도 있대요. 또 수화를 이용해 자기들끼리 대화를 나눌 수도 있답니다. 오랑우탄뿐만 아니라 원숭이, 침팬지 같은 유인원도 훈련을 받으면 수화를 할 수 있어요. 고릴라 코코는 엄마를 잃고 동물학자에게서 자랐어요. 코코는 무척 수다쟁이라서 1,000가지 이상의 단어를 표현할 줄 알았대요. 게다가 자기가 직접 수화를 만들어서 사용하기도 했답니다. 정말 대단한 고릴라지요?

# 우주선이 지구의 대기권에 들어오면 어떻게 될까?

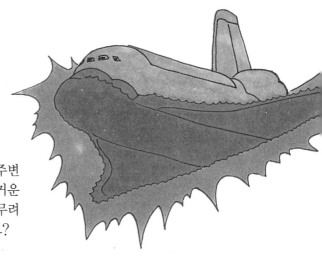

우주선이 지구에 들어오면 중력 때문에 주변 공기와 세게 부딪치면서 어마어마하게 뜨거운 열이 생겨요. 우주선 바깥 부분의 온도가 무려 1,500도를 넘는다고 하니, 정말 엄청나지요?

# 부메랑은 왜 돌아올까?

손목 힘과 부메랑의 날개 때문이에요.

왜 자꾸 돌아오는 거니?

부메랑은 비행기 날개처럼 위가 볼록하고 아래가 납작하게 생겼어요. 바람이 닿는 쪽은 뜨는 힘이 생겨 앞으로 나아가지만, 바람이 닿지 않는 다른 쪽 면은 뒤로 가려고 해요. 부메랑이 돌면서 움직일 때 반대쪽 힘이 위치를 되돌려 부메랑이 돌아오는 것이랍니다. 손목의 힘을 이용하면 부메랑이 빠르게 도는 것을 볼 수 있어요.

# 곰은 겨울잠 자는 동안 무엇을 할까?

동물들이 겨울잠을 잘 때는 체온이 낮아지고 호흡이 매우 느려져요. 하지만 곰은 그냥 평상시와 비슷한 상태로 많이 잘 뿐이랍니다. 엄마 곰은 새끼를 낳으면서도 자고, 태어난 아기들은 잠깐 돌아다니다가 다시 돌아와 봄까지 잠을 청하지요.

방해하지 마세요.

# 미켈란젤로가 누구일까?

미켈란젤로 부오나로티(1475~1564)는 재능이 매우 많은 사람이었어요. 조각가, 화가, 건축가, 시인으로서 뛰어난 작품을 남겼지요. 성경의 한 장면을 묘사한 바티칸의 시스티나 대성당 천장 그림인 〈최후의 심판〉이 가장 유명한데, 이 그림은 누워서 그렸다고 해요. 또 〈피에타〉, 〈다비드〉 등의 조각상도 유명해요.

팔방미인이라 불러 줘.

아, 졸려.

# 나무늘보가 무엇일까?

중남미의 열대림에 사는 매우 느리고 털이 많은 동물이에요. 뾰족한 발톱으로 나뭇가지에 거꾸로 매달려 먹고, 자고, 돌아다니기도 해요. 나무늘보는 1분에 1.8미터 이상은 움직이지 않을 정도로 매우 느려요.

# 동물원을 처음 만든 사람은?

기원전 12세기, 중국의 문왕이 '지식의 정원'이라는 동물원을 만들었어요. 그는 전국에서 다양한 동물을 모아서 동물원에 넣었어요. 오늘날의 동물원은 동물들이 편안함을 느끼도록 본래의 자연환경과 비슷하게 만들어 주지요.

# 고대 7대 불가사의가 무엇일까?

고대의 신비한 일곱 가지 구조물

## 이집트 기자의 피라미드

기원전 2500년경, 10만 명의 일꾼이 파라오의 무덤을 세웠어요. 이집트 기자에 있는 쿠푸 왕의 피라미드는 그중에서도 가장 큰 것으로, 고대 7대 불가사의 중 유일하게 지금까지 남아 있어요.

잔디에 물은 누가 주나?

## 바빌론의 공중 정원

바빌론의 공중 정원은 기원전 600년경 바빌론의 왕비를 위해 지은 거예요. 고대 바빌론은 지금의 이라크 수도 바그다드 근처에 있던 도시예요. 높은 단을 쌓아 옥상에 만든 정원의 넓이는 60제곱미터, 높이는 105미터로 아파트 30층이 님는다고 해요.

## 에페소스의 아르테미스 신전

에페소스의 아르테미스 신전은 기원전 550년경 지금의 터키 지역에 아르테미스 여신을 모시기 위해 세웠어요. 전부 대리석으로 되어 있으며 고대 신전 중 가장 정교한 신전이라고 해요.

# 올림피아의 제우스 신상

제우스 신상은 기원전 435년 그리스의 올림피아에 세운 것이에요. 12미터 높이의 이 신상은 황금 망토를 걸친 제우스의 모습을 상아로 조각해 신들의 왕인 제우스의 모습을 표현했어요.

# 로도스 섬의 콜로서스

로도스 섬의 콜로서스는 고대 그리스 시대에 만든 커다란 청동상으로 태양신 헬리오스의 모습을 나타냈어요. 완성하는 데만 12년이나 걸린 이 동상은 36미터 높이로 자유의 여신상과 크기가 비슷했지요. 기원전 224년 지진으로 무너졌다고 해요.

# 할리카르나소스의 마우솔레움

할리카르나소스의 마우솔레움은 기원전 353년 지금의 터키에 만들었어요. 페르시아 제국의 총독 마우솔로스를 위해 만든 대리석 무덤이에요. 지진으로 파괴되었고 남은 조각은 영국 대영 박물관에 있어요.

# 알렉산드리아의 파로스 등대

알렉산드리아의 파로스 등대는 이집트 알렉산드리아 항구의 파로스 섬에 있었어요. 기원전 270년경에 세웠으며 높이 135미터에 맨 아래는 사각형, 가운데는 팔각형, 가장 위는 원통 모양이었다고 해요.

축하합니다. 딸이에요!

# 아기 돌고래는 무엇을 먹을까?

아기 돌고래는 태어나자마자 어미의 젖을 먹어요. 고래 목에 속하는 동물들은 물속에 살지만 물고기가 아니라 포유류예요. 그래서 고래와 돌고래 새끼들은 모두 어미 젖을 먹고 자라지요.

# 리모컨은 어떻게 텔레비전을 켤까?

적외선과 전기로 조종해요. 텔레비전을 보다가 채널을 바꾸고 싶을 때도 리모컨의 버튼을 누르지요. 이때 적외선이 전달되면서 텔레비전 수신 장치에서 전기 신호를 읽고 채널을 바꾸는 것이랍니다.

# 껌은 누가 만들었을까?

껌의 원료는 '치클'로 사포딜라 나무의 고무예요. 멕시코의 아스텍 인디언들이 이를 닦기 위해 씹었다고 해요. 1872년 토머스 애덤스가 치클에 설탕과 향료를 더해 껌을 만들어 냈어요. 그는 치클을 입에 넣고 씹다가 껌을 발명하게 되었대요.

## 많이 웃으면 건강해질까?

웃는 이유는 사람마다 다르지만 웃으면 대체로 긴장이 풀리고 편안해져요. 웃음은 몸이 자신을 스스로 돌보는 방식이기도 해요. 배가 들썩들썩하고 얼굴이 마구 구겨지고 눈물이 찔끔 나오기도 하지요. 한바탕 그렇게 웃고 나면 몸도 마음도 건강해져요. 그러니 평소에 많이 웃으세요.

## 딱따구리는 나무를 쪼면서 아프지 않을까?

딱따구리는 머리뼈가 매우 굵고 단단한 데다 목 근육이 강해 충격을 흡수할 수 있어요. 딱따구리는 나무를 쪼면서 그 안의 곤충을 잡아먹는답니다.

## 꽃에서는 왜 향기가 날까?

꽃들은 수술에서 암술로 꽃가루를 옮겨야 번식할 수 있어요. 꽃가루를 옮겨 주는 건 곤충의 몫이라서 꽃들은 좋은 향기를 내 곤충을 꾀지요. 사람들이 쓰는 향수도 꽃이나 잎에서 향기를 내는 물질들을 추출해 만드는 거예요.

치마는 너무 불편해!

# 여자가 올림픽에 처음 출전한 것은 언제일까?

1900년 파리 올림픽에서 골프와 테니스 경기에 여자 선수가 처음 나왔는데, 긴 치마를 입어 경기하는 데 무척 불리했어요. 그 후 점차 시간이 지나며 대부분의 종목에 여자 선수가 출전하게 되었지요.

나이스 샷!

개굴개굴!

# 가상 현실이 무엇일까?

'가상 현실'은 실제는 아니지만 일어날 수도 있는 일을 뜻해요. 사람들은 컴퓨터로 가상 현실을 만들어요. 컴퓨터에 정보를 입력하면 컴퓨터는 그것을 가상 이미지로 만들어 마치 실제처럼 움직이게 해요. 가상 세계를 체험하기 위해 특수한 헤드폰이나 안경, 장갑 등을 끼기도 하고, 컴퓨터와 연결된 의자에 앉기도 해요.

## 올챙이는 어떻게 개구리가 될까?

개구리는 몸의 모양이 크게 바뀌는 동물이에요. 알로 태어나 아주 작고 꼬리가 달린 올챙이가 되지요. 올챙이는 물속에서 아가미로 숨을 쉬어요. 자라면서 뒷다리와 앞다리가 나오고 꼬리가 없어져요. 이때부터 개구리처럼 보이지만 진짜 개구리가 되는 것은 아가미 대신 폐로 숨을 쉬면서부터예요.

# 귀신의 집이 정말 있을까?

캘리포니아의 '윈체스터 하우스'는 귀신을 위해 지은 대저택이에요. 윈체스터 소총을 발명해 엄청난 부자가 된 윈체스터 집안의 상속인 사라는 점쟁이에게 이런 말을 들었어요. 소총 때문에 죽은 수많은 사람이 그녀에게 저주를 걸었는데, 이 저주를 없애려면 그 영혼들을 달래는 집을 지어야 한다고 말이에요. 38년에 걸친 공사 끝에 방이 160개인 커다란 저택이 완성되었어요.

## 텔레비전과 영화에 나오는 특수 효과는 왜 진짜처럼 보일까?

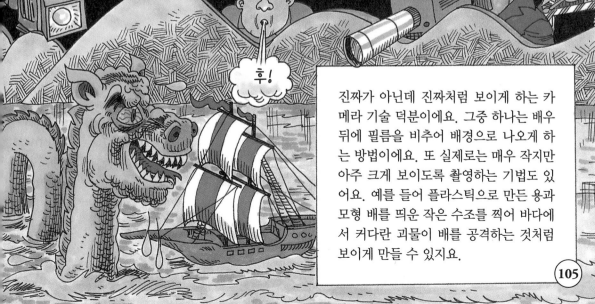

진짜가 아닌데 진짜처럼 보이게 하는 카메라 기술 덕분이에요. 그중 하나는 배우 뒤에 필름을 비추어 배경으로 나오게 하는 방법이에요. 또 실제로는 매우 작지만 아주 크게 보이도록 촬영하는 기법도 있어요. 예를 들어 플라스틱으로 만든 용과 모형 배를 띄운 작은 수조를 찍어 바다에서 커다란 괴물이 배를 공격하는 것처럼 보이게 만들 수 있지요.

# 깃털은 무엇으로 만들어졌을까?

깃털은 머리카락과 손톱처럼 '케라틴'이라는 단백질로 이루어져 있어요. 새의 깃털은 빨강, 노랑, 갈색, 파랑과 보라색까지 예쁜 색이 많답니다. 하지만 깃털은 장식용이 아니라 날기 위해 있는 거예요.

난 진짜 예뻐.

내가 더 예뻐.

아냐, 내가 예뻐.

내가 제일 예뻐.

난 예뻐.

# 어떻게 사물을 기억할까?

머리를 하나의 복잡한 컴퓨터라고 생각해 보세요. 신경 세포는 정보를 여기저기 전달해요. 난생처음 복숭아를 먹는다면 우리 눈과 코, 입은 복숭아가 어떻게 생겼으며 어떤 냄새와 맛이 나는지 뇌에 전달해요. 뇌는 '복숭아'라는 단어와 이 정보를 함께 저장해요. 그래서 다음에 복숭아를 떠올리면 저장된 정보를 불러온답니다.

## 체스는 누가 만들었을까?

여러 가지 설이 있지만, 고대 인도에서 유행하던 '차투랑가'라는 게임에서 발전했다는 이야기가 가장 유력하다고 해요. 7세기경 페르시아에서 이를 유럽으로 전파시켜 지금의 체스가 됐어요. '체크메이트'는 페르시아 말로 '왕이 갇혔다.'란 뜻이에요. 체크메이트가 되면 게임이 끝난답니다.

## 불의 고리가 무엇일까?

'불의 고리'는 전 세계 활화산의 약 75퍼센트가 모여 있어 화산이 가장 많이 폭발하는 지역을 말해요. 태평양 아래 지각이 대륙과 만나는 지점에서 경계를 이루지요. 이 고리의 한쪽 면은 북미 알래스카부터 남미 칠레까지이고 다른 한 면은 시베리아부터 뉴질랜드까지예요.

노인을 공경합시다!

## 매미는 얼마나 오래 살까?

2,500종이 넘는 매미는 대부분 수명이 2~5년 정도지만 북미에 있는 종은 17년까지도 살아요. 이 매미는 암컷이 짝짓기한 뒤 나무에 수백 개의 알을 낳고 몇 주 안에 죽어요. 알에서 깨어난 애벌레들은 30센티미터 아래 땅속으로 들어가요. 거기서 13~17년을 살다가 밖으로 나와 어른으로 완전히 탈바꿈해요. 그러고 나서 짝짓기하기를 되풀이하는 거예요.

# 우주에는 은하계가 얼마나 많을까?

아무리 좋은 망원경으로도 다 볼 수 없을 정도로 많아요. 각 은하계는 가스와 먼지, 수십억 개의 별이 중력으로 함께 섞여 있어요. 지구를 포함해 태양과 그 주위를 도는 행성들은 '우리 은하'라는 은하계에 속해요.

## 사람은 어떻게 자랄까?

뇌의 아랫부분에 있는 뇌하수체가 성장에 관여해요. 여기서 나오는 호르몬이 세포 분열을 일으켜 성장 속도를 높이는 역할을 하지요. 세포 분열을 하면서 세포가 많아지고, 몸이 자라게 되어요. 성장이 멈추는 이유는 확실히 밝혀지지 않았지만, 한없이 커지지 않는 게 다행이지요.

## 데자뷔가 무엇일까?

어딘가에 처음 갔는데 꼭 전에 와 본 것 같은 느낌이 든 적이 있나요? 처음 만난 사람인데 전에 본 것 같았던 적은요? 이런 신기한 느낌을 데자뷔라고 해요.

# 이중 관절이 무엇일까?

팔꿈치, 무릎, 발목, 어깨처럼 두 뼈가 만나는 곳
에는 둘을 이어 주는 관절이 있어요. 손가락과 발
가락은 관절이 많아요. 관절을 아주 신기하게 움
직일 수 있는 사람도 있어요. 하지만 단지 부드러
울 뿐, 관절의 수는 같답니다.

내 예쁜 눈을
보호할 거야.

# 눈은 왜 **깜빡**일까?

윗눈꺼풀 아래에 있는 눈물샘에서는 늘 눈물을 만들
어요. 우리는 하루에도 수천 번씩 눈을 깜빡이는데,
그때마다 눈물을 눈 전체에 퍼지게 해서 먼지나 이물
질을 씻어 내지요. 속눈썹도 눈에 먼지가 들어가는 걸
막아 줘요.

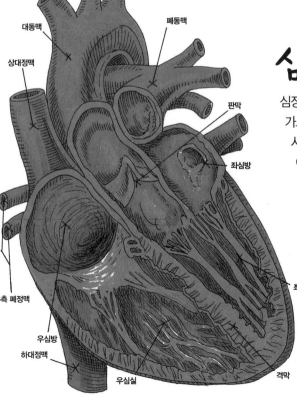

상대동맥

대동맥

폐동맥

상대정맥

판막

좌심방

2측 폐정맥

좌심실

우심방

하대정맥

우심실

격막

# 심장은 어떤 일을 할까?

심장은 온몸에 피를 공급하는 힘센 근육이에요. 심장은
가로무늬근과 민무늬근으로 이루어져 있는데, 이 중에
서 민무늬근이 심장을 규칙적으로 뛰도록 해요. 심장
에서 나온 피는 동맥을 타고 온몸으로 흐르고, 온몸
을 흐른 피는 다시 정맥을 타고 심장으로 돌아가요.
동맥은 산소가 풍부한 피를 몸 구석구석에 전달하
는 역할을 하고, 정맥은 온몸의 피를 모아 심장에
가져다줘요.

하트 모양
맞아?

## 셰익스피어가 누구일까?

윌리엄 셰익스피어(1564~1616)는 영국의 위대한 작가예요. 그는 그 시대의 다른 작가나 극작가들과 달리 대학에 다니지 않았지만 시 154편과 희곡 37편을 펴내며 작가로서 엄청난 성공을 거두었어요. 셰익스피어의 대표작으로는 《로미오와 줄리엣》, 《베니스의 상인》, 《햄릿》 등이 있어요.

# 최초의 지도는 무엇일까?

알려진 최초의 지도는 지금의 이라크 지역인 메소포타미아 유프라테스 강의 일부를 새긴 점토판 문서예요. 기원전 2300년경 만든 것으로 보여요.

고대 지도 중 가장 유명한 것은 이집트의 학자 클라우디오스 프톨레마이오스가 만든 지도예요. 150년경 그는 당시에 알려진 자료를 바탕으로 세계 지도를 그렸어요. 이 지도에는 유럽, 아프리카, 아시아의 부분 지도가 들어 있어요.

# 트림은 왜 할까?

우리가 먹은 공기를 없애기 위해서예요. 숨을 쉬거나 음식을 꿀꺽꿀꺽 삼킬 때 공기가 배 속으로 함께 들어가요. 탄산음료를 마시면 그 안의 공기 방울도 배 속으로 들어가지요. 그 공기가 거꾸로 좁은 통로를 통해 나오다 보니 목이 울리고 때로 소리도 나는 것이랍니다.

배부르게 잘 먹었다!

끄억~

# 책이 처음으로 인쇄된 건 언제일까?

868년에 중국에서 처음으로 나무판에 잉크를 묻혀 책을 인쇄했어요. 다른 목판 인쇄술도 발명되었지만, 시간이 너무 오래 걸려 책을 많이 만들 수는 없었어요. 금속으로 글자를 만들어서 여러 번 찍어 낼 수 있는 금속 활자는 우리나라에서 세계 최초로 발명했어요. 고려 시대인 1234년에 《고금상정예문》이라는 책을 활자로 찍어 냈다는 기록이 있어요. 서양에서 금속 활자가 발명되기 200년 이상 전이랍니다. 지금까지 남아 있는 가장 오래된 금속 활자로 인쇄한 책은 1377년 인쇄된 우리나라의 《직지심체요절》이에요.

# HDTV가 무엇일까?

매우 선명한 화면을 제공하는 디지털 형식의 텔레비전이에요. 예전 텔레비전은 그림을 만드는 작은 점이 21만 개로 이루어져 있어요. HDTV는 200만 개의 점이 모여 화면을 이루어요. 그래서 옛날 것보다 또렷하고 선명하게 보이는 거예요. HDTV의 화면은 영화관에서 보는 화면과 비슷하지요.

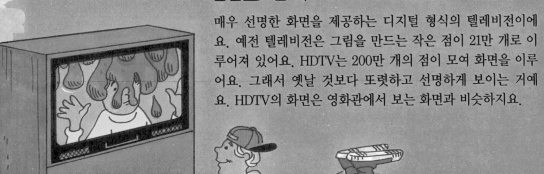

# 고래상어는 무엇을 먹을까?

고래상어는 세상에서 제일 큰 물고기예요. 하지만 사람을 잡아먹지 않으니 겁내지 않아도 된답니다. 고래상어는 몸집은 크지만 작은 해초나 새우, 물고기를 먹어요.

좀 지나갑시다.

꿀꺽꿀꺽!

# 물은 왜 마셔야 할까?

우리 몸에 흐르는 피의 반 정도는 물로 이루어져 있어요. 이 물이 영양분을 우리 몸 구석구석으로 옮겨 주지요. 또 물은 장에서 음식을 잘 소화하게 돕고, 신장에서는 피에 들어 있는 나쁜 물질을 걸러 내고 방광에서 이 물질들을 밖으로 내보내는 일도 한답니다. 그러니 물을 적절하게 마셔야 우리 몸이 건강해지겠지요.

# 치즈는 누가 만들었을까?

치즈는 아주 오래된 음식이에요. 많은 사람들이 중동에서 치즈를 처음 먹었다고 생각해요. 아마 소나 염소, 혹은 양을 키우던 사람이 우연히 치즈를 발견했을 거예요. 우유가 상하면 부드러운 덩어리와 맑은 액체로 나뉘는데, 시간이 지나면 그 덩어리가 치즈가 되지요.

이리 온!

고래만 한 상어다!

## 성 주위에 왜 연못이 있을까?

북극

남극

# 낮과 밤의 길이가
## 왜 계절마다 다를까?

지구는 북극과 남극을 잇는 자전축을 기준으로 하루에 한 바퀴씩 돌고 있어요. 또 태양의 주변을 일 년에 한 바퀴씩 돌지요. 이 두 가지 움직임 때문에 지구에서 태양까지의 거리가 계속 바뀌어요. 북극이 태양을 향해 기울어져 있을 때는 우리나라가 속한 북반구의 낮이 길어요. 남극이 해를 보고 있을 때는 호주 등이 속한 남반구의 낮이 길고요. 그래서 항상 낮의 길이가 조금씩 다른 거예요.

중세 시대에는 유럽의 귀족들이 영토를 놓고 싸움을 벌였어요. 지주들은 자신을 방어하기 위해 돌로 높은 벽을 쌓아 성을 지었지요. 하지만 적이 성벽으로 기어오를 수도 있어서 걱정했어요. 그래서 성 주변에 땅을 파고 물을 채워 놓는 거예요. 이 연못을 '해자'라고 불러요. 성안에 사는 사람들이 오갈 때는 내렸다 올렸다 할 수 있는 다리를 이용했어요.

# 멸종 위기가 무엇일까?

나와 친구들을 살려 주세요.

동물이 전 세계에 몇 마리 안 남고 없어지는 상황을 멸종 위기라고 해요. 멸종 위기의 이유는 여러 가지예요. 공해 때문에 땅이 파괴되어서일 수도 있고, 나무를 다 잘라 보금자리가 없어져서일 수도 있어요. 사냥꾼들이 다 잡아 버렸거나 화학 물질 때문에 먹이가 오염되어도 살아남기 어렵지요. 하지만 사람들이 노력하면 달라질 수 있어요. 1987년에 캘리포니아 콘도르가 27마리 밖에 남아 있지 않아서 환경 운동가들은 짝짓기를 시켜 다시 새의 수를 늘리려고 애썼어요. 그 결과 2007년에는 300마리 이상으로 늘어났답니다.

## 머리카락을 잡아당기면 아픈데 자르면 왜 안 아플까?

머리카락은 피부 아래 '모낭'이란 곳에 뿌리를 두고 자라요. 뿌리에서 나오는 새로운 세포가 헌 세포를 위로 밀어내지요. 세포가 죽으면서 딱딱해진 게 머리카락이예요. 그래서 잘라도 안 아프지만 피부 아래쪽 모낭은 신경으로 둘러싸여 있어 잡아당기면 아프답니다.

옷을 열 겹이나 껴 입었어요.

## 세상에서 가장 추운 곳은?

남극 대륙 가운데에 있는 러시아의 보스토크 기지가 최저 기온 기록을 세웠어요. 보스토크 기지는 해안과 멀리 떨어져 있고 해발 3,500미터의 고지대여서 매우 춥습니다. 1983년 7월에 보스토크 기지의 기온은 영하 89도였어요. 게다가 바람까지 쌩쌩 불었으니, 얼마나 추웠을까요?

# 산사태는 왜 일어날까?

산사태는 바람이나 지진, 녹는 눈, 큰 소리에서 비롯되기도 해요. 일단 산사태가 시작되면 엄청난 눈, 얼음, 진흙, 바위가 산을 타고 굴러떨어져요. 이때 생기는 바람도 매우 강해요. 1970년 페루에서는 산사태가 한 마을을 통째로 삼키고, 적어도 1만 8,000명의 목숨을 빼앗았어요.

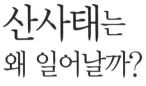

사람 살려!

# 베토벤이 누구일까?

독일의 작곡가인 루트비히 판 베토벤(1770~1827)은 음악사에서 매우 중요한 인물이에요. 그는 서른 살부터 점점 청력이 약해져 47세에는 아무것도 들리지 않게 되었어요. 그럼에도 꾸준히 작곡 활동을 해서 아름다운 음악을 많이 남겼지요. 〈운명 교향곡〉, 〈합창 교향곡〉, 〈월광 소나타〉, 〈엘리제를 위하여〉 등이 대표 작품이에요.

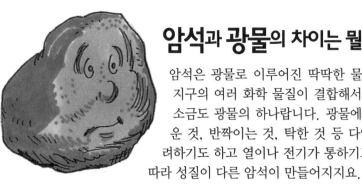

## 암석과 광물의 차이는 뭘까?

암석은 광물로 이루어진 딱딱한 물체예요. 광물은
지구의 여러 화학 물질이 결합해서 생긴 것이고요.
소금도 광물의 하나랍니다. 광물에는 딱딱한 것과 부드러
운 것, 반짝이는 것, 탁한 것 등 다양한 종류가 있어요. 색이 화
려하기도 하고 열이나 전기가 통하기도 해요. 어떤 광물이 섞여 있느냐에
따라 성질이 다른 암석이 만들어지지요.

점이
아니라고!

## 주근깨는 왜 생길까?

모든 사람의 피부에는 '멜라닌'이라는 갈색 색소가
있어요. 멜라닌의 양에 따라 피부색이 결정되지요.
그런데 때때로 색소 세포들이 멜라닌을 무리 지어
만들어 내는데, 이걸 주근깨라고 불러요. 주근깨는
주로 눈 밑이나 뺨에 생기고, 피부가 하얀 여자에게
많이 생긴대요.

내 이름이
대통령
이름이라고!

## 테디 베어를
## 만든 사람은 누구일까?

1902년 미국의 제26대 대통령인 테어도어 루스벨트는 곰 사냥을
갔다가 새끼 곰을 잡지 않고 그냥 놓아주었어요. 이에 한 만화
가가 작은 곰의 생명을 소중히 여긴 대통령의 모습을 그려
신문에 실었어요. 뉴욕 브루클린에서 장난감을 만들어 팔던
모리스 미첨이란 사람이 이걸 보고 봉제 곰 인형을 만들어
'테디의 곰'이라고 이름을 붙이고 신문에 실린 그림과
나란히 진열했지요. 테디 베어가 큰 인기를 끌 것이란
그의 예상대로 오랜 시간이 흐른 지금까지도 테디
베어는 가장 사랑받는 장난감 중 하나랍니다.

# 물이 어떻게 전기를 만들까?

댐에서 떨어지는 물의 힘으로 기계를 돌려 전기를 만들어요. 물이 높은 곳에서 물레방아 같은 터빈의 위로 떨어져요. 바람개비를 불면 돌아가는 것과 비슷해요. 이 커다란 터빈은 1분에 750바퀴까지 돌아요. 터빈이 돌면서 생긴 운동 에너지를 전기 발전기를 통해 전기 에너지로 바꿔 줘요. 이 전기 에너지가 바로 우리가 사용하는 전기예요.

와, 불이 들어왔어!

# 뱀은 모두 독이 있을까?

독사는 얼마 되지 않는데 모든 뱀이 오해를 받지요. 약 2,800종의 뱀 중에 독이 있는 건 400종뿐이에요. 그중 사람에게 위험한 독이 있는 건 50종 이하고요. 방울뱀, 코브라, 살무사 등의 독은 매우 위험하지만 대부분의 뱀은 오히려 사람을 피해요. 물론 사람들도 뱀을 피하겠지만 말이에요.

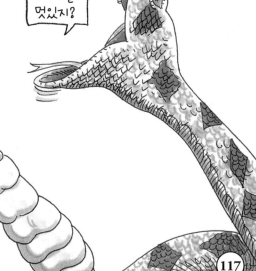

내 이빨 멋있지?

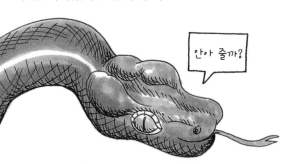

안아 줄까?

# 태양은 왜 빛날까?

태양이 아주 크고 뜨거우니까요! 태양의 중심은 약 1,500만 도예요. 우리가 상상할 수 없을 만큼 뜨겁지요. 태양 중심에서 열핵 폭발이 일어나는데 그 때문에 열과 압력이 생기면서 수소 가스가 헬륨이 돼요. '핵융합'이라고 하는 이 과정에서 엄청난 양의 에너지가 열과 빛으로 드러나지요. 그래서 1억 5,000만 킬로미터나 떨어진 지구에서도 태양 빛을 받을 수 있는 거예요.

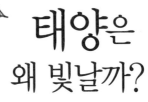

아, 따뜻해!

연을 가져왔는데 날릴 수가 없어.

# 달에서 살 수 있을까?

달에는 산소가 없으니 항상 우주복을 입고 있어야 해요. 기온은 섭씨 130도나 되고 추울 땐 영하 170도까지 내려가요. 달의 하루는 지구에서의 27일과 같답니다. 그러니 달에서 살기는 아무래도 힘들겠지요?

## 씨앗이 어떻게 식물로 자랄까?

씨앗이 싹트려면 적절한 기온과 습기, 산소가 필요해요. 먼저 물은 씨앗의 껍질을 부드럽게 해서 싹이 껍질 밖으로 나올 수 있게 해요. 뿌리는 아래를 향해 자라고 줄기는 위로 구부러져서 흙을 뚫고 나와요. 뿌리에서 잔뿌리가 나오고 잎사귀가 커지면 온전한 식물이 된 것이지요.

## 미다스 왕이 누구일까?

그리스 신화에서 디오니소스 신은 미다스에게 손에 닿는 모든 것을 황금으로 변하게 하는 능력을 주었어요. 그런데 문제가 하나 있었어요. 음식을 먹으려 해도 금으로 변해 먹을 수가 없는 거예요. 다행히 디오니소스가 그 능력을 다시 가져갔지만, 이 이야기가 오늘날까지 이어져서 하는 일마다 성공을 거두는 사람을 두고 '미다스의 손'이라고 부른답니다.

드디어 식물이 됐어!

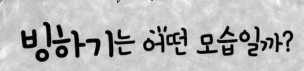

## 빙하기는 어떤 모습일까?

내 세상이다!

얼음이 지구 대부분을 덮어 버리지요. 과학자들은 15억 년마다 빙하기가 찾아온다고 해요. 기후의 변화에 따라 이 주기는 달라질 수 있겠지요. 마지막 빙하기는 1만 년 전에 끝났는데, 북아메리카와 유럽 대륙이 두께가 3킬로미터나 되는 얼음으로 뒤덮였어요. 지구 온도가 따뜻해지면서 빙하가 녹아 커다란 빙하 조각이 움직여 숲을 무너뜨리고 산을 만들고 계곡을 깎으며 극지방으로 움직였어요. 아직도 그린란드, 캐나다, 남극 대륙 같은 추운 지역에는 빙하가 남아 있어요.

# 잔 다르크가 누구일까?

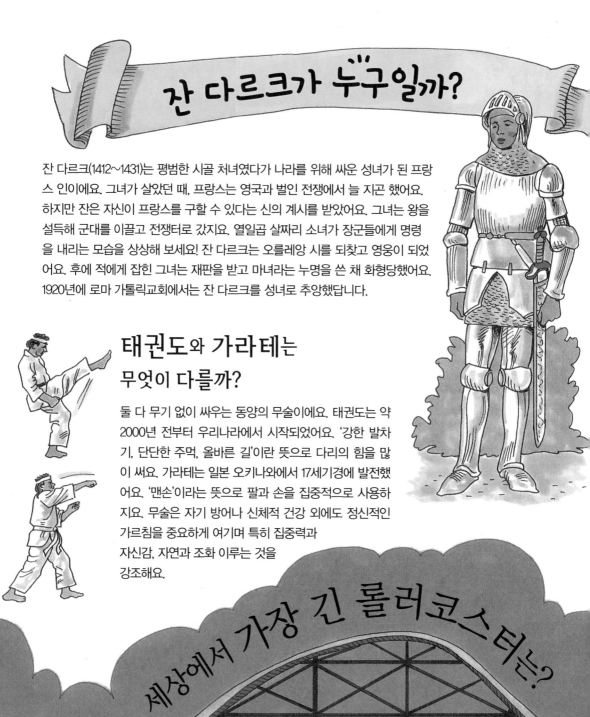

잔 다르크(1412~1431)는 평범한 시골 처녀였다가 나라를 위해 싸운 성녀가 된 프랑스 인이에요. 그녀가 살았던 때, 프랑스는 영국과 벌인 전쟁에서 늘 지곤 했어요. 하지만 잔은 자신이 프랑스를 구할 수 있다는 신의 계시를 받았어요. 그녀는 왕을 설득해 군대를 이끌고 전쟁터로 갔지요. 열일곱 살짜리 소녀가 장군들에게 명령을 내리는 모습을 상상해 보세요! 잔 다르크는 오를레앙 시를 되찾고 영웅이 되었어요. 후에 적에게 잡힌 그녀는 재판을 받고 마녀라는 누명을 쓴 채 화형당했어요. 1920년에 로마 가톨릭교회에서는 잔 다르크를 성녀로 추앙했답니다.

## 태권도와 가라테는 무엇이 다를까?

둘 다 무기 없이 싸우는 동양의 무술이에요. 태권도는 약 2000년 전부터 우리나라에서 시작되었어요. '강한 발차기, 단단한 주먹, 올바른 길'이란 뜻으로 다리의 힘을 많이 써요. 가라테는 일본 오키나와에서 17세기경에 발전했어요. '맨손'이라는 뜻으로 팔과 손을 집중적으로 사용하지요. 무술은 자기 방어나 신체적 건강 외에도 정신적인 가르침을 중요하게 여기며 특히 집중력과 자신감, 자연과 조화 이루는 것을 강조해요.

## 세상에서 가장 긴 롤러코스터는?

# 위성이 있는 행성은
## 지구 하나뿐일까?

태양계의 행성은 태양 주위를 돌아요. 행성의 주위를 도는 위성도 매우 많아요. 토성은 최소한 22개, 목성은 16개, 천왕성에도 15개, 해왕성도 8개 이상 있지요. 수성과 금성에만 위성이 없어요.

나는 혼자가 아니에요.

# 영화를 만들 때 조명 감독은
## 무슨 일을 할까?

조명 감독은 촬영 감독과 함께 일하고 세트에 전기나 조명을 쓰는 모든 일을 관리해요. 조명 감독은 영화 촬영장에 없어서는 안 될 아주 중요한 사람이에요. 영화의 각 장면이 효과적으로 보이려면 조명의 역할이 정말 중요하기 때문이지요.

롤러코스터는 레일 위를 달리는 열차 놀이기구예요. 세계에서 가장 긴 롤러코스터 두 개 모두 일본에 있어요. 나가시마 스파랜드에 있는 '스틸 드래곤 2000'이 2,479미터로 가장 길고, 두 번째로 긴 '다이다라 사우루스'는 2,340미터로, 오사카 엑스포랜드에 있어요.

점화 플러그

실린더

피스톤

크랭크축

## 자동차 엔진은 어떤 일을 할까?

자동차 엔진은 자동차를 달리게 하는 힘을 만들어 내요. 엔진에서 열을 만들어 내고, 이 열이 자동차를 움직이게 하는 힘을 만들지요. 자동차 엔진에는 피스톤이 달린 실린더 장치가 있는데, 그 안에서 공기와 연료에 불이 붙으면서 작은 폭발을 일으켜 피스톤을 밀어내요. 그러면 피스톤이 바퀴와 연결된 크랭크축을 움직이게 해서 바퀴가 굴러가고, 차가 앞으로 나가게 되는 것이랍니다.

## 별은 영원히 살까?

별은 대부분 수소 가스로 이루어져 있고, 이 가스는 계속 타들어 가요. 그래서 별이 빛나는 것이지요. 마지막에는 전부 다 타고 터지거나 그냥 사그라져요. 걸리는 시간은 별마다 다르고요. 태양보다 큰 별은 작은 별보다 빠른 속도로 타들어 가요. 과학자들은 태양이 50억 년 동안 타고 있고 앞으로도 50억 년 더 탈 거래요. 매우 긴 시간이지만 영원한 건 아니지요.

## 펭귄은 어떻게 서로 알아볼까?

똑같이 생긴 수천 마리의 펭귄이 매년 한곳에 모여 짝짓기를 해요. 수컷은 노래를 불러서 암컷을 유혹해요. 짝을 지으면 함께 노래해서 서로의 목소리를 익히지요. 다음 해에 다시 만나도 일 년이나 떨어져 있던 짝을 다시 찾을 수 있는 건 목소리를 구별하기 때문이라고 해요.

제가 만든 운동이죠.

# 농구는 누가 만들었을까?

캐나다 출신 제임스 네이스미스 박사는 1891년에 미국 매사추세츠 주 국제 YMCA 대학 체육 지도자였어요. 그는 어느 해 12월, 밖에서 운동하기는 너무 추워지자 실내에서 할 수 있는 운동을 생각해 냈어요. 아홉 명을 한 팀으로 짜고 나무로 만든 복숭아 바구니를 골대로 썼지요. 4년 뒤, 농구는 미국 전 지역에 퍼졌어요. 지금은 전 세계에서 즐기는 스포츠이고요.

## 하품은 왜 할까?

공기 중에 산소의 양이 줄어들면 산소를 더 많이 받아들이기 위해서 입을 크게 벌려 하품을 하지요. 또 피곤하거나 졸릴 때, 심심할 때 의지와 상관없이 하품을 하게 돼요.

## 세상에서 가장 매운 음식은?

'캐롤라이나 리퍼'라고 고추의 일종인데 정말, 정말, 정말 매워요! 미국 사우스캐롤라이나 주의 한 연구소에서 개발되었어요. 세계에서 가장 매운 고추로 기네스북에 등재되어 있지요. 얼음물 한 바가지 함께 주세요!

# 투명한 비행기를 만들 수 있을까?

투명하게 만들 수는 없지만 투명한 것처럼 보일 수는 있어요. 전파 흡수재로 비행기 겉면을 특수하게 만들고, 바깥에 특수 조명을 달면 비행기가 없는 것처럼 느껴지지요. 낮에는 조명판이 하늘과 같은 밝기로 만들어 사람의 눈에는 비행기가 날아가는 게 보이지 않아요. 비행기 몸체의 전파 흡수 물질은 레이더가 비행기를 탐지할 수 없게 해요. 이 두 가지 요소와 조용한 엔진을 더하면 아무도 비행기가 있는지 알 수 없지요.

TV 보는 방도 만들까나.

# 비버는 왜 댐을 지을까?

비버의 오두막은 놀라운 건축물이에요. 비버는 날카로운 앞 이빨과 강한 손톱으로 나무를 잘라요. 그리고 큰 나무의 밑동으로 호수나 연못에 물이 새지 않는 댐을 만들지요. 댐은 수위를 조절하고 비버가 생활할 공간을 넓혀 줘요. 그다음에 진흙을 개어서 돌과 나뭇가지를 쌓고, 바닥에는 연못과 이어지는 구멍을 만들어 놓은 다음 그 안에서 자고 새끼도 키워요.

이 안에 들어오면 아무도 못 나가!

# 토네이도 길목이 무엇일까?

# 미래의 자동차는
## 어떤 모습일까?

에너지 효율이 높고 훨씬 똑똑해지지 않을까요? 물과 이산화탄소 같은 재생 연료로 움직이는 엔진을 사용할지도 몰라요. 자동차가 스스로 운전하는 날도 올 거예요. 고속도로, 통행량, 주차장을 탐색하고 안전 속도와 안전거리를 알아서 유지하면서 말이에요.

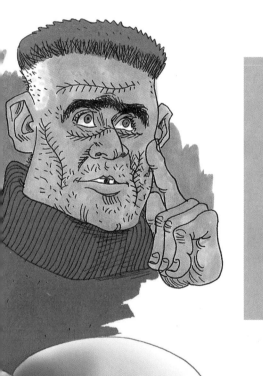

## 피부는 다시 생기는데
## 왜 어떤 상처는 평생 남을까?

피부는 마치 여러 가닥의 섬유로 짠 담요 같아요. 상처가 너무 크지 않으면 피부 세포가 다시 메워서 원래대로 만들 수 있지요. 하지만 상처 간격이 너무 넓으면 피부가 그 사이를 메우기가 어려워요. 이럴 때는 세포가 크고 강한 피부 조직을 만들어 공간을 채우지요. 그게 바로 없어지지 않는 상처 자국이 되는 거예요.

로키 산맥과 애팔래치아 산맥 사이에 있는 평원으로, 미국에서 토네이도가 가장 많이 생기는 지역이에요. 미국에서는 해마다 1,000개 이상의 토네이도가 발생해요. 이 중 대부분이 중앙과 남부 평원, 즉 토네이도 길목에서 나타나지요. 지금까지 가장 강했던 토네이도는 1925년 3월 18일 발생한 '트라이-스테이트 토네이도'였어요. 미주리, 일리노이, 인디애나 주에 걸쳐 350킬로미터를 휩쓸고 지나가 695명이 죽고 약 2,000명이 다쳤으며 1만 명 이상이 집을 잃었어요.

만화를 그려 보고 싶은데.

## 최초의 그림은 무엇일까?

스페인의 알타미라 동굴에는 기원전 3만 5000~기원전 1만 1000년에 그린 벽화가 남아 있어요. 말과 들소, 사슴 등이 꽤 사실적으로 그려져 있어요. 옛날 화가들은 동물의 뼈나 숯 같은 자연 재료로 그림을 그렸고 붓 대신 동물의 털을 썼지요. 주위에서 볼 수 있는 야생 동물을 많이 그렸고요. 그림들은 수천 년 동안이나 보존됐지만 발견된 지 얼마 안 된 것도 있어요.

멋쟁이 신발

어서 오세요.

## 지네는 다리가 모두 몇 개일까?

내 다리 세어 볼래?

열대 지방에서 발견되는 큰 지네는 몸길이가 30센티미터쯤 되고 다리는 무려 340개나 되지요. 보통 지네들은 다리가 70개쯤 있고, 몸 길이가 2.5센티미터 정도예요.

## 비디오 게임은 누가 발명했을까?

1958년 윌리 히킹보덤이 2인용 '테니스 게임'을 발명했어요. 손잡이와 단추가 달린 작은 상자로 조종하는 거예요. 인기를 얻은 최초의 게임은 1970년대에 놀란 부쉬넬이 개발한 '퐁'이란 이름의 탁구 게임이었어요. 오늘날의 비디오 게임은 컴퓨터에서 작동하고 더 복잡해요.

# 마야 인이 누구일까?

마야 어를 쓰고 300~900년에 가장 발달한 문명을 누렸던 민족이에요. 마야 인은 지금의 과테말라, 멕시코에 해당하는 지역에 살았어요. 유럽 인보다 훨씬 앞서서 달력을 만들고 수학을 익혔어요. 또 발달된 문자를 만들었고 도자기와 조각 같은 귀한 보물을 남겼지요. 아직 남아 있는 웅장한 사원들도 있어요. 약 600만 명의 마야 인은 아직도 옛 언어를 쓰며 고대의 전통을 지키고 있어요.

# 아기는 왜 울까?

응애응애!

아기는 "너무 배고파요."라든지 "이 카시트는 정말 답답해요."라는 말을 할 수가 없어요. 그래서 울음소리로 이야기하는 거예요. 아기를 오래 돌보면 울음소리에 따라 배가 고픈지 화가 났는지 피곤한지 무서운지 구별할 수 있어요.

# 유대목 동물이 무엇일까?

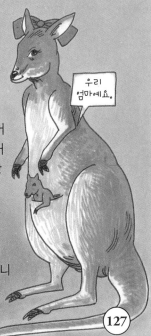

우리 엄마예요.

캥거루처럼 엄마의 배 아래쪽 '주머니'에 새끼를 넣고 다니는 동물의 종류예요. 유대목 동물 중 가장 유명한 건 캥거루지만 그 외에도 주머니쥐, 코알라 등이 있어요. 유대목 동물의 새끼들은 엄마의 자궁보다 주머니에서 더 많이 자라요. 막 태어났을 때 매우 작고 불완전한 상태에서 엄마의 털을 헤집고 주머니 속으로 기어들어 가요. 그 안에 들어가면 엄마 젖을 먹을 수 있고 매우 안전하지요. 아기 캥거루는 5~10개월 동안 주머니 안에 머물러요.

# '유레카'라는 말은 어디에서 왔을까?

아르키메데스(기원전 287~기원전 212)는 그리스의 수학자이자 발명가였어요. 하루는 공중목욕탕의 욕탕에 들어가는 순간 오랫동안 고민하던 문제의 답이 생각났어요. 그는 너무 기뻐 "유레카! 유레카(찾았다! 찾았다!)"라고 외치며 집으로 달려갔어요. 그때부터 사람들이 원하는 걸 발견하면 "유레카!"라고 했어요.

# 옻나무를 만지면 왜 가려울까?

옻나무 잎의 기름이 피부에 달라붙기 때문이에요. 피부 세포는 이 기름을 해로운 것으로 생각하고 화학 물질을 내놓아 싸우는데, 그때 피부가 빨개지고 물집과 고름이 생기면서 가려운 것이랍니다.

으~ 가려워 죽겠네!

나랑 결혼할래?

# 검은과부거미는 왜 그런 이름이 붙었을까?

검은과부거미는 짝짓기를 한 다음 수컷 거미를 잡아먹는 것으로 유명해요. 그러니 무섭게도 남편을 죽이고 '과부'가 되는 것이지요. 이 거미의 독은 방울뱀보다도 15배나 강력해요.

나는 전생에 왕자였어요.

# 최면은 어떻게 걸릴까?

우리 정신은 두 가지로 작용해요. 하나는 생각을 조절하는 의식, 하나는 우리가 깨닫지 못하는 무의식으로 여기에 기억과 꿈, 감춰진 감정 등이 쌓여요. 최면 전문가는 완전히 마음을 놓고 무의식에 닿을 수 있도록 이끌어요. 그리고 한 가지 사실에 집중하도록 하지요. 최면에 걸리면 잠드는 게 아니에요. 주위에서 무슨 일이 일어나는지를 모두 알면서도 그 한 가지 사실만 생각하게 되지요.

살 좀 빼야겠어!

# 점보가 왜 크다는 뜻이 됐을까?

바넘 앤드 베일리 서커스를 만든 P. T. 바넘(1810~1891)은 '점보'라는 이름의 코끼리를 가지고 있었어요. 바넘은 관객의 시선을 사로잡는 방법을 아는 사람이었어요. 키가 3.3미터, 몸무게 6.5톤이나 되는 커다란 코끼리 점보는 매우 유명해서 '점보'라는 말이 매우 크다는 뜻으로 쓰이게 되었어요.

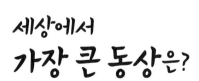

## 세상에서 가장 큰 동상은?

중국 허난성 루산에 있는 불산금불이 가장 큰 동상이에요. 불교의 창시자이자 위대한 성인 중 한 사람인 부처를 기리기 위해 만든 이 청동상은 높이가 무려 128미터로 40층짜리 건물과 비슷해요. 만드는 데 10년이나 걸린 이 동상은 2008년에 완성되었어요.

# 도마뱀은 얼마나 커질까?

도마뱀의 종류에 따라 다른데, 가장 작은 드워프 게코는 다 커도 2.5센티미터밖에 안 돼요. 가장 큰 것은 왕도마뱀인데 50~60종 정도 돼요. 2미터까지 커지는 나일 왕도마뱀도 왕도마뱀 중에는 중간 크기 예요. 가장 큰 코모도왕도마뱀은 길이 3미터쯤에 몸무게가 100킬 로그램이 넘어요. 왕도 마뱀은 따뜻한 날씨를 좋아해서 열대나 아열 대 지방에서 살고 있어요.

뽀뽀해 줄까?

# 초콜릿 칩 쿠키는 누가 만들었을까?

1930년경 미국 매사추세츠 주에 서 '톨하우스 인'이라는 식당을 운영하던 루스 웨이크필드는 어느 날 쿠키를 굽다가 재료 용 초콜릿이 떨어진 것을 알았어요. 하는 수 없이 그녀는 막대 초콜릿을 잘라 넣었어요. 그녀의 생각과 달리 초콜릿은 오븐에서 완전히 녹지 않았고, 그렇게 해서 우연 히 맛있는 초콜릿 칩 쿠키가 탄생했답니다!

나도!

나도!

먹고 싶어!

내가 제일 좋아하는 초콜릿 칩 쿠키!

맛있겠다!

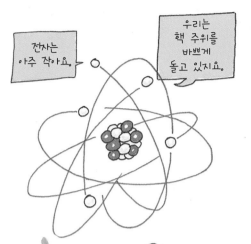

전자는 아주 작아요.

우리는 핵 주위를 바쁘게 돌고 있지요.

# 원자보다 작은 게 있을까?

물질을 이루고 있는 작은 알갱이를 '원자'라고 해요. 모든 사물은 원자로 이루어져 있어요. 우리와 우리가 앉아 있는 의자도요. 하지만 원자는 아주 작아 특수 현미경으로만 볼 수 있어요. 그런 원자도 그보다 작은 입자들로 이루어져 있답니다. 원자의 중심에는 핵이 있는데, 원자보다 약 10만 배나 작지요. 이 핵은 그보다 더 작은 전자들에 둘러싸여 있어요.

꼬르르륵
꼬르륵
꼬르르륵

# 배에서 왜 꼬르륵 소리가 날까?

소화시킬 음식을 달라는 신호예요. 소화는 자동적으로 일어나는 일이라서 위가 비어 있어도 근육은 계속 움직이면서 음식을 찾아요. 배고픔을 느낄 때 위벽이 서로 쥐어짜고 소화액과 위산이 돌아다니는 소리가 우르릉, 꼬르륵 하고 들리는 거예요.

쿨쿨~

# 몽유병이 무엇일까?

자면서 자신도 모르는 사이에 걸어 다니는 거예요. 몽유병 환자들은 잃어버린 물건을 찾는다거나 어떤 문제를 해결하려 해요. 하지만 그 이상은 잘 몰라요. 몽유병 환자들이 걸어 다닐 때 꿈을 꾸고 있다고 생각하기 쉽지만 그렇지 않아요. 실험에 따르면 몽유병은 아주 깊은 잠에 빠져 있을 때 일어나고, 꿈은 얕은 잠을 잘 때 꾸거든요.

난
프랑켄슈타인!

내 이름인데!

# 프랑켄슈타인이 누구일까?

프랑켄슈타인 박사는 1818년 영국의 작가 메리 울스턴크래프트 셸리가 쓴 소설의 주인공이에요. 소설 속에서 프랑켄슈타인 박사는 죽은 사람의 뼈를 이용해 사람과 비슷한 생물을 만들어 내요. 이 괴물은 피부가 초록색인 크고 흉측한 남자가 됐어요. 생명을 갖게 된 괴물은 사람들을 위협하지요. '프랑켄슈타인'이라는 이름은 괴물을 만든 박사의 이름인데 괴물 이름으로 잘못 알려져 있어요.

단세포 동물인 것 같은데?

아무래도 고래 같은데?

# 세상에서 가장 큰 동물과 가장 작은 동물은?

가장 큰 동물은 대왕고래인데, 몸길이 34미터로 버스 두 대를 합쳐 놓은 것과 비슷해요. 무게는 150톤이나 돼요. 대왕고래는 흰긴수염고래라고도 불러요. 반대로 물에서 사는 단세포 동물이 동물 가운데 가장 작아요. 너무 작아서 1만 마리를 모아도 2센티미터도 안 될 정도랍니다. 크기가 작고 구조는 단순해도 다른 동물이 하는 기능을 거의 다 해요.

## 기상학자는 어떻게 날씨를 예측할까?

우산 잘 챙겼네.

세계적인 흐름을 보고 근처의 날씨를 파악해요. 먼저 큰 그림을 보는 거예요. 세계적으로 수천 개의 기상청이 기온과 습도, 기압, 풍향을 측정해요. 기상 관측 풍선과 위성이 모은 정보도 참고해요. 그다음은 컴퓨터 프로그램으로 정보를 종합해서 전체적인 날씨가 어떻게 변하고 있는지 봐요. 그러고 나서 기상학자들이 이런 사실을 고려해서 지역의 날씨를 예상하는 거예요.

## D-day가 무엇일까?

원래는 군사 공격 작전의 첫날을 가리키는 암호명이에요. 그런데 제2차 세계 대전을 거치며 특별한 의미가 생겼지요. 전쟁 중에 독일이 프랑스를 점령했어요. 그러나 D-day인 1944년 6월 6일에 미국, 영국과 동맹군이 프랑스 노르망디 바닷가에서 독일군을 공격해 승리를 거두었어요. 그날은 약 1년 후에 독일이 항복하는 데 결정적인 계기가 되었어요. 그래서 중요한 날을 가리켜 'D-day'라고 하게 되었어요.

오마하 해변에 상륙했다!

## 왜 가끔 사진에 눈동자가 빨갛게 나올까?

카메라 플래시가 눈으로 바로 향하면서 빛이 눈동자를 통과하기 때문이에요. 카메라가 눈의 내부를 찍는 것이지요. 우리 눈에는 혈관이 아주 많기 때문에 카메라에 빨간색이 잡히는 것이랍니다. 이를 '적목 현상'이라고 해요.

앗,
미끄러워!

# 물이 얼면
## 어떻게 될까?

물이 얼면 얼음이 되지요. 온도는 분자의 결합 구조를 바꿔요. '분자'란 물질을 구성하는 작은 구성 요소예요. 실온에서는 물 분자들이 느슨하게 서로 묶여 있어요. 그래서 물이 흐르는 거예요. 하지만 온도가 0도 아래로 떨어지면 물 분자가 서로 뭉쳐서 딱딱한 얼음이 되지요.

내 연주 실력
굉장하지?

## 최초의 악기는 무엇일까?

과학자들이 플루트의 일부로 보이는 동물의 뼈를 발견했어요. 놀랍게도 오늘날 쓰는 악기와 같은 위치에 구멍이 뚫려 있어요. 전문가들은 이 뼈 악기가 8만 2000년~4만 3000년 정도 된 것으로 짐작해요. 이 물건은 선사 시대 인간인 네안데르탈인이 살던 지역에서 발견되었어요. 그러니까 계이름은 아주 오래전부터 있었던 거예요.

합주
하실래요?

기장님, 제 귀에서 삥 소리가 났어요!

제 귀에서도 삥 소리가 나요!

# 비행기 안에서 왜 귀가 먹먹할까?

비행기가 날아오르거나 땅으로 내려갈 때는 비행기 밖의 기압이 달라져요. 기압이 급격하게 변하면 고막이 불룩해져요. 그러다 기압이 다시 원래대로 돌아오면 고막이 제자리로 돌아오면서 귀가 삥 뚫리는 것이지요. 비행기 조종사들은 급격한 기압의 차이를 막기 위해 비행기 안의 기압을 기계로 조절한답니다.

이게 다 몇 명이야?

## 지금까지 살았던 사람은 모두 몇 명일까?

모두 합쳐 500억 명 정도라고 해요. 그리고 그 숫자는 계속 늘어나고 있어요. 전 세계를 통틀어 1분에 약 250명의 아기가 태어나니까 말이에요.

# 투우는 어디에서 시작했을까?

투우는 4000년 전에 그리스 크레타 섬에서 했던 것으로 알려졌지만, 투우 하면 보통 스페인을 먼저 떠올려요. 한때 스페인을 지배했던 무어 인이 11세기에 오락거리로 투우를 하기 시작했어요. 오늘날도 투우는 스페인과 포르투갈, 멕시코, 남미 지역에서 많은 인기를 누리고 있어요.

대화로 풀자고, 친구!

세계 정복을 할 테다!

# 칭기즈 칸이 누구일까?

칭기즈 칸(?1162~1227)의 원래 이름은 테무친으로, 열세 살부터 몽골 족의 대장 노릇을 했어요. 이 젊은 왕은 곧 '세계의 군주'라는 뜻의 '칭기즈 칸'으로 불렸어요. 그는 몽골 부족을 모아 용맹한 군인으로 만들었어요. 지금의 중국과 러시아, 이란, 인도 북서부를 점령하며 제국의 전성기를 누렸지요. 칭기즈 칸이 죽은 뒤 그의 세 아들이 나눠서 지배하던 몽골 제국은 점차 몰락했어요.

# 화약은 누가 발명했을까?

약 1000년 전에 중국인들이 화학 물질과 여러 물질을 섞어 금으로 만들려고 하다가 생겨났지요. 얼마 후 중국인은 화살 끝에 화약을 묻혀 불화살을 만들어 강력한 무기로 사용했어요. 우리나라에서는 고려 시대 말에 왜구의 침략을 막기 위해 화약을 만들어서 사용했어요. 최무선이 중국에서 화약 제조법을 배워 '화통도감'이라는 기관을 세운 뒤 화약과 대포 등을 만들었지요.

으흐흐! 간지럽다!

# 원숭이들은 왜 서로 털을 다듬어 줄까?

사람들은 만나면 서로 악수나 포옹을 하지요? 몸에 손을 대는 것도 대화라고 할 수 있어요. 원숭이들이 서로 털을 다듬어 주는 것도 그런 거예요. 털 다듬기는 집단 내에서 원숭이의 위치를 나타내기도 하지요. 계급이 낮은 원숭이들이 계급이 높은 원숭이의 털을 다듬어 줘요. 무엇보다 그렇게 하면 깨끗해서 좋아요!

# 노벨상이 무엇일까?

매년 전 세계에서 인류에 큰 공헌을 한 사람들에게 주는 상이에요. 알프레드 베른하르드 노벨(1833~1896)은 다이너마이트를 발명해 엄청난 부자가 된 스웨덴의 화학자예요. 그는 자신의 발명품 때문에 수많은 사람이 피해를 입은 것을 몹시 괴로워했어요. 그는 죽기 전에 노벨 재단을 설립하여 물리학과 화학, 의학, 문학, 경제학, 평화 부문의 상을 만들었지요.

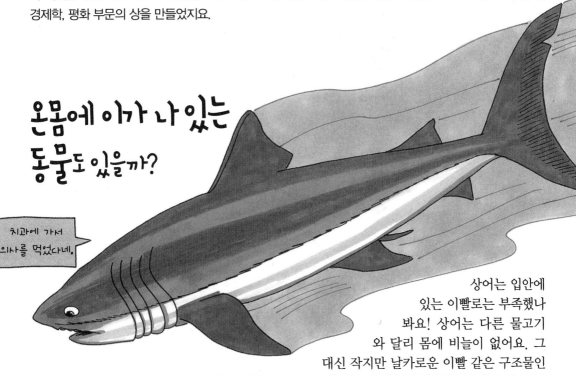

# 온몸에 이가 나 있는 동물도 있을까?

치과에 가서 의사를 먹었다네.

상어는 입안에 있는 이빨로는 부족했나 봐요! 상어는 다른 물고기와 달리 몸에 비늘이 없어요. 그 대신 작지만 날카로운 이빨 같은 구조물인 '치상돌기'로 덮여 있어요. 치상돌기는 비늘처럼 서로 겹쳐져 있지만 우리 몸에 닿기만 해도 무지무지하게 아플 거예요!

## 스파게티는
### 누가 만들었을까?

이탈리아의 탐험가 마르코 폴로가 1292년에 중국에서 스파게티를 가져왔다고 전해져요. 그런데 로마 근처에서 발견된 5000년 된 옛 무덤에 새겨진 벽화에 파스타 만드는 조리 기구가 그려져 있어요. 그러니 중국이 먼저였는지 이탈리아가 먼저였는지 알 수는 없지만, 우리가 오늘날 먹는 스파게티는 이탈리아 나폴리에서 처음 만들었다고 해요.

## 사람 몸속에는
## 피가 얼마나 있을까?

어른의 몸에는 피가 5리터가량 들어 있답니다. 어른보다 몸무게가 적은 어린이는 3~4리터쯤 있어요. 가득 채운 물컵 16개 정도랍니다.

# 가장 오랫동안 살아온 곤충은?

으악! 징그러워.

바퀴벌레예요. 이 끈질긴 생물은 3억 5000년 동안이나 살아왔는데, 납작한 몸통에 다리가 긴 겉모양은 그때나 지금이나 거의 같아요. 몸이 작은 것은 1센티미터도 안 되고, 큰 것은 7~8센티미터나 되는 것도 있어요. 참 대단한 생명력이지요?

날 조상님이라 불러라.

# 치타는 얼마나 빨리 뛸 수 있을까?

속도 위반으로 벌금 물었어.

시속 112km

한 번에 7미터씩 펄쩍펄쩍 뛰어 한 시간에 112킬로미터를 갈 수 있어요. 단거리 달리기로 치타보다 빠른 동물은 없어요. 고양잇과의 부드러운 척추가 속도의 비결이에요. 등뼈가 마치 고무줄처럼 구부러졌다 퍼졌다 하면서 빠르게 앞으로 나갈 수 있게 하지요.

어휴, 짜다. 누가 물 좀!

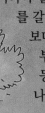

# 목은 왜 마를까?

피 속에 물이 충분하지 않다는 걸 몸이 우리에게 알려 주는 거예요. 신기하게도 물이 아주 모자랄 때는 우리 스스로 물을 찾아 마시게 되지요. 과학자들은 우리 몸속에 물을 측정하는 기관이 있을 거라고 믿지만 실제로 발견하지는 못했어요. 짠 음식을 먹어도 목이 마른데, 소금이 물을 빼앗기 때문이에요. 몸이 필요한 만큼 물을 충분히 마시면 목마름은 없어져요.

퍼즐은 재밌어!

## 퍼즐은 누가 만들었을까?

1767년 영국의 존 스필버리가 나무판에 영국 지도를 그린 후 지역 별로 쪼갰어요. 그리고 학생들에게 지리를 알려 주기 위해 그 조각들을 알맞은 위치에 놓도록 했지요. 지금처럼 두꺼운 종이로 된 퍼즐은 20세기 들어서 나오기 시작했어요.

내가 최초라고!

## 플라스틱은 무엇으로 만들까?

철선

해머

댐퍼

## 피아노 건반을 누르면 어떻게 소리가 날까?

피아노 건반 88개에는 각각 한 개 이상의 철선이 연결되어 있어요. 건반을 누르면 선에 달린 해머가 선을 치며 진동해 '음'을 만들어 내요. 피아노를 연주하면 무려 4,000개의 부품이 움직여요. 열 손가락으로 4,000개의 부품을 움직이다니 대단하지요?

건반

아름다운 소리를 만들기 위해 우리가 이렇게 열심히 움직여요. 그러니 연습을 게을리하지 마세요!

140

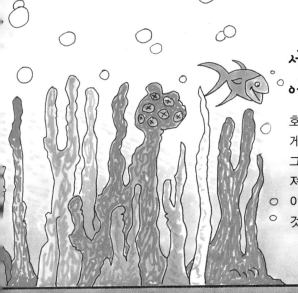

## 세상에서 가장 큰 산호는 어디에 있을까?

호주의 북동쪽 해안을 따라 2,000킬로미터 정도로 길게 퍼져 있어요. 작은 바다 생물의 흔적으로 이루어진 그레이트배리어리프는 2,500개 이상의 산호초가 이어져 있어요. 150만 년 동안 수없이 많은 산호 골격이 쌓이고 또 쌓여서 세계에서 가장 큰 산호 지대를 형성한 것이지요.

과학자들은 기름 분자를 재배치해서 플라스틱을 만들었어요. 이런 기술을 '중합'이라고 해요. 각종 플라스틱을 비롯해 많은 인공 물질을 이런 식으로 만들어요. 플라스틱 중에서 처음으로 쓸모 있었던 것은 1870년 존 하이엇이 발명한 셀룰로이드였어요. 그는 셀룰로이드로 당구공을 만들었지요. 아마 당구 치기를 좋아했나 봐요!

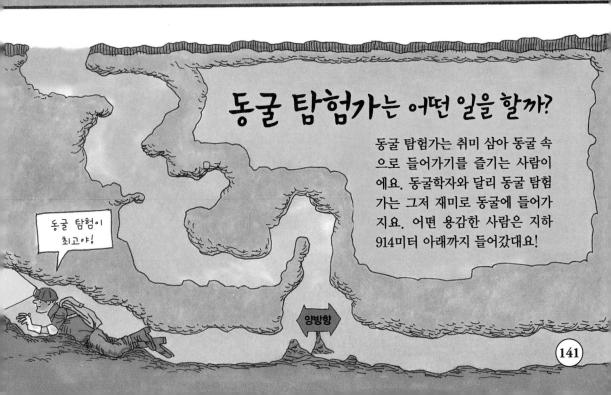

## 동굴 탐험가는 어떤 일을 할까?

동굴 탐험가는 취미 삼아 동굴 속으로 들어가기를 즐기는 사람이에요. 동굴학자와 달리 동굴 탐험가는 그저 재미로 동굴에 들어가지요. 어떤 용감한 사람은 지하 914미터 아래까지 들어갔대요!

동굴 탐험이 최고야!

양방향

# 에어하트가 누구일까?

아멜리아 에어하트(1897~1937)는 직접 비행기를 조종해 대서양을 건넌 최초의 여성 비행사예요. 혼자 비행해 미국을 횡단한 최초의 여성이기도 하지요. 하지만 그녀는 세계 일주를 끝낼 수 없었어요. 1937년 태평양 하늘 위를 비행하던 중 에어하트의 비행기는 실종되었고, 그 후로 아무 흔적도 찾지 못해 여전히 수수께끼로 남아 있어요.

지이잉~

# 팩스는 뭘 인쇄할지 어떻게 알까?

팩스는 '복사'라는 뜻을 지닌 '팩시밀리'의 줄임말이에요. 우리가 팩스를 보낼 때는 종이에 쓰인 글자나 그림의 복사본을 보내는 거예요. 팩스 기계 안에 스캐너가 있어서 까만 부분을 읽어 전기 신호로 바꾼 다음 전화선을 통해 내보내요. 그러면 받는 쪽의 팩스 기계에 그 내용이 까만 점으로 찍혀 나오는 것이지요.

# 왜 자전거를 타고 서 있는 것보다 달리는 게 균형 잡기 쉬울까?

빙글빙글 돌아가는 바퀴는 스스로 똑바로 서 있지요. 팽이를 생각하면 금방 알 거예요. 팽이는 빠르게 돌수록 더 오래 서 있지요. 돌아가는 속도가 느려지면 윗부분이 흔들리기 시작해요. 자전거 바퀴도 이와 마찬가지예요. 빠르게 돌아갈수록 더 쉽게 서 있지요.

넘어질까 봐 멈출 수가 없어!

# 수은 온도계는 어떻게 온도를 잴까?

수은 온도계는 한쪽 끝에 동그란 구가 달린 가느다란 유리관으로, 이 구 안에 수은이 들어 있어요. 수은에 열이 가해지면 부피가 커지면서 빨간 기둥을 밀어 올려요. 빨간 기둥이 가리키는 수치를 보면 온도를 알 수 있지요.

으, 너무 더위!

## 백야가 무엇일까?

24시간이나 그 이상 해가 계속 떠 있는 거예요. 백야 현상은 여름에 극지방에서 나타나요. 북극은 6월 22일경, 남극은 12월 22일경에 여름이 시작돼요. 핀란드, 노르웨이, 스웨덴처럼 백야 현상을 볼 수 있는 나라를 '백야의 나라'라고 불러요.

## 가려울 때 긁으면 가려움이 멈출까?

가려움증은 아주 흔한 증상이지만, 같은 자극을 받았더라도 사람마다 가려워하는 정도가 달라요. 특히 긴장하거나 불안하면 가려움증이 심해질 수 있어요. 과학자들도 이 가려움증에 대해 정확히 설명해 내지 못해요. 하지만 어떤 자극을 받으면 가려워진다는 것은 알지요. 예를 들어 발등 위로 개미가 지나간다면 가렵겠지요? 가려움을 멈추기 위해서는 긁게 되지요. 긁는 행동이 더 강한 자극이라서 가려움을 잠시 잊게 하나 봐요.

아, 가려워!

# 물이 어떻게 우리 집 부엌까지 들어올까?

비가 와서 모인 호수나 강, 저수지의 물을 파이프에 연결해서 커다란 물탱크에 담아요. 물고기와 해초, 쓰레기 같은 것은 걸러 내고요. 그리고 염소 같은 화학 물질을 넣어 박테리아나 다른 해로운 물질을 없애지요. 도시에서는 이 물을 수도관으로 보내고, 지하 통로를 통해 소화전, 가정, 사무실로 수돗물을 날라요. 시골에서는 지하수를 끌어 올린 우물에서 바로 물을 뜰 수도 있답니다.

# 멍은 왜 들까?

멍은 다친 혈관이 피부로 드러나는 거예요. 상처가 나면 피가 그 주변 조직으로 스며 나오고 조직은 보라색이 되어요. 시간이 흐르면 멍은 파란색이 되었다가 그다음엔 녹색으로, 그리고 노란색이 되었다가 말끔히 없어져요. 피가 다시 몸 안으로 흡수되기 때문이에요.

# 화성과 금성은 어떤 모습일까?

화성은 영어로 'Mars'인데 이는 로마 신화 속 전쟁의 신 마르스의 이름을 딴 거예요. 화성이 아주 빨간 빛깔을 띠기 때문이에요. 자세히 보면 흙 속의 녹슨 철 성분 때문에 이런 색을 띠는 거래요. 화성의 표면은 암석과 산으로 뒤덮여 있어요. 금성은 영어로 'Venus'로, 태양과 달을 빼고 가장 밝아 미의 여신 비너스의 이름을 붙였어요. 금성에는 넓은 분화구와 높은 산이 많은데, 두꺼운 구름에 가려 있어 관찰하기 어려워요. 이 구름이 햇빛을 흡수해 금성은 태양계에서 가장 뜨겁답니다.

## 식물이 없으면 어떻게 될까?

식물은 모든 생물이 함께 살아가도록 하는 자연의 법칙에서 빼놓을 수 없는 존재예요. 식물은 햇빛을 받으면 양분을 만드는 광합성을 하는데, 그때 생기는 산소 덕에 우리가 숨을 쉴 수 있지요. 식물은 많은 동물의 식량이자 보금자리예요. 또 식물은 흙이 바람에 흩어지는 것을 막아주지요. 식물이 없다면 아마 지금과 같은 세상은 없을 거예요.

## 언어는 누가 만들었을까?

언어가 어떻게 발전했는지 기록이 없기 때문에 누구도 알지 못해요. 학자들은 고대 수메르 인이 글을 쓰기 시작한 기원전 3000년부터 언어를 쓰기 시작했다고 생각해요. 초기 형태의 문자를 설형 문자라고 하는데, 모든 단어에 그에 맞는 기호를 썼어요. 알파벳은 기원전 12세기경 중동 지방에서 페니키아 인이 발명했다고 해요.

## 엄마 고양이가 새끼 목덜미를
### 물어서 들면 아프지 않을까?

고양이들은 목 주변의 피부가 잘 늘어나요. 그래서 살을 깨물지 않고 피부만 살짝 물어 들어 올릴 수 있어요. 그래서 가만히 있기만 하면 전혀 아프지 않답니다.

## 흡혈귀는 진짜 있을까?

흡혈귀는 작가가 만들어 낸 거예요. 하지만 무덤에서 일어나 사람들의 피를 빨아 먹는 이야기가 너무 무섭기 때문에 진짜로 착각하는 사람도 있어요. 그래서 목 주변에 마늘을 놓거나 창틀에 소금을 뿌려 놓으면 흡혈귀를 쫓을 수 있다는 이야기가 전해지는 거예요.

여보세요?

# 휴대 전화로
## 어떻게 통화를 할까?

휴대 전화 통신사는 도시를 일정한 간격으로 나누고, 각 구역에 전파를 주고받는 기지국을 세워요. 휴대 전화를 켜 놓으면 자동으로 전화 거는 사람의 위치가 전파로 보내져요. 그러면 가장 가까운 기지국에서 그 전파를 받는 것이지요. 전화를 거는 순간 전파가 가까운 기지국을 거쳐 상대방의 휴대 전화로 전달되지요. 먼 거리를 이동하면서 전화를 하면 내 위치가 계속 변하니까 전파를 받는 기지국도 자동으로 달라져요. 이런 원리로 어디에서 전화를 걸더라도 통화할 수 있는 거예요.

## 꿀벌과 말벌은 어떻게 다를까?

너를 쏘면 내가 죽는다고.

같은 벌이지만 다른 점이 많아요. 꿀벌은 벌집에서 살고 말벌은 나무를 씹어 소화시켜 나오는 물질로 둥지를 만들지요. 꿀벌은 꽃을 옮겨 다니면서 꽃가루를 모아 벌꿀을 만들고, 말벌은 다른 곤충을 먹고 살아요. 꿀벌은 침을 한 번 쏘고 나면 죽지만 말벌은 계속 쏠 수 있어요. 꿀벌은 겨울을 지내지만 말벌은 추위를 견디지 못해요.

난 겨울이 싫어.

아마존 강

## 세계에서 가장 긴 강과 가장 깊은 호수는?

나 여기 살아.

세계에서 가장 긴 강은 페루와 안데스 산맥에서 시작해 브라질을 거쳐 적도 부근의 대서양으로 흐르는 아마존 강이에요. 총 길이가 무려 7,062킬로미터나 되지요. 가장 깊은 호수는 러시아 시베리아 지방에 있는 바이칼 호수로, 깊이가 1,742미터예요. 수심이 깊고 물이 맑아서 호수 속 40미터까지 깨끗하게 잘 보여요.

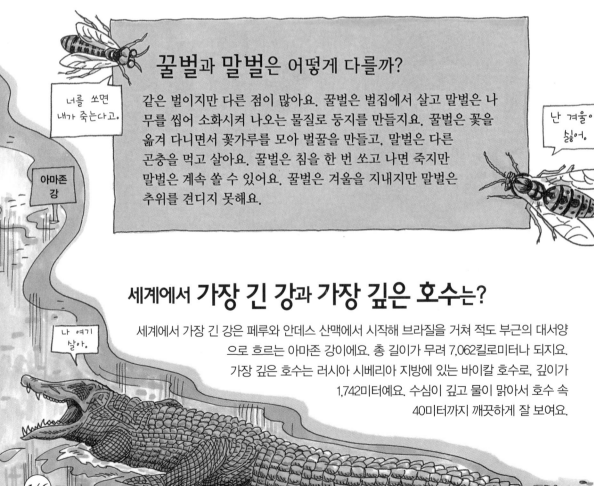

# 빙하는 어떻게 만들어질까?

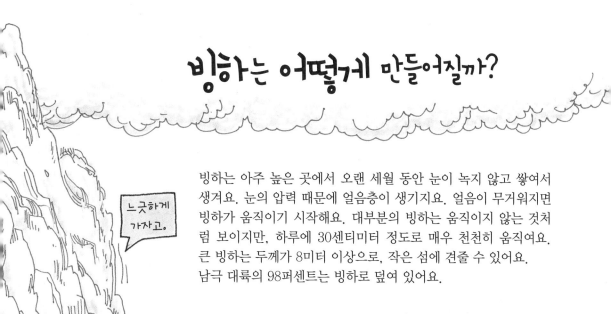

느긋하게 가자고.

빙하는 아주 높은 곳에서 오랜 세월 동안 눈이 녹지 않고 쌓여서 생겨요. 눈의 압력 때문에 얼음층이 생기지요. 얼음이 무거워지면 빙하가 움직이기 시작해요. 대부분의 빙하는 움직이지 않는 것처럼 보이지만, 하루에 30센티미터 정도로 매우 천천히 움직여요. 큰 빙하는 두께가 8미터 이상으로, 작은 섬에 견줄 수 있어요. 남극 대륙의 98퍼센트는 빙하로 덮여 있어요.

# 디지털카메라는 어떻게 사진을 찍을까?

자, 여기 보고 김치!

카메라의 렌즈를 이용해 이미지를 튕겨 내는 빛에 초점을 맞춰서 찍어요. 디지털카메라는 안에 든 작은 마이크로프로세서를 이용해 이미지를 픽셀로 저장해요. 디지털카메라는 필름을 쓰는 대신 마이크로 칩을 컴퓨터와 연결해 사진을 불러와 컴퓨터 화면으로 보거나 출력할 수 있어요.

지구 대기 중 일부예요. 땅에서 하늘로 올라갈수록 대기를 이루는 가스가 달라져요. 오존층은 지상에서 25~30킬로미터 높

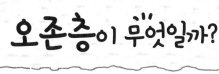

# 오존층이 무엇일까?

이에 있는 대기예요. 오존은 독특한 냄새가 나는 약간 푸른빛의 기체로, 태양의 자외선을 대부분 흡수해 땅에 닿지 못하게 해요. 자외선이 직접적으로 닿으면 살아 있는 생명체에게 매우 해롭답니다.

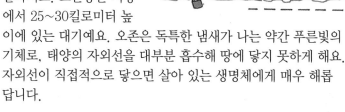

# 태양열 발전이 무엇일까?

햇빛은 열기가 매우 많아요. 하지만 열기를 잡아 저장하고 필요할 때 다시 꺼내 쓰기는 어려운 일이지요. 태양열 발전은 태양의 열을 이용하려는 노력이에요. 지붕에 특수한 판을 달아 태양에서 나오는 열을 흡수해서 저장하고, 저장된 에너지를 사용하는 방식이에요. 태양열 발전은 공해를 발생시키지 않고, 고갈되지 않는 장점이 있어요. 하지만 비 오는 날처럼 햇빛의 열기가 많지 않은 날에는 열을 저장하기 어렵고, 처음 설치하는 비용이 비싼 것이 단점이에요.

고마워, 태양.

맛있게 먹어 주세요.

# 과자로 만든 가장 큰 집은 어디 있을까?

미국 미네소타 주에서 제일 큰 백화점에 있었어요. 2006년 11월에 사람들이 팀을 이루어 1,700시간에 걸쳐 생상 빵 6.4톤과 설탕 2톤을 모아 집을 만들었어요. 완성된 집은 5층짜리 건물만큼 컸답니다. 물론 모두 함께 먹기 전까지 말이에요!

난 TV 보는 방 먹을래요.

난 창문!

난 부엌!

난 앞문.

그럼 손님 방은 내 것!

굴뚝이 맛있어 보이는데요.

# 알은 어떻게 부화할까?

아기 새와 파충류는 작고 날카로운 이빨을 가지고 있어요. 알에서 나올 때 이 이빨로 계속 알을 쪼아 대지요. 새가 알을 깨는 이빨은 부리 위에 자라요. 뱀은 위턱에 있고요. 부화를 끝낸 후에 그 이빨은 빠져서 없어지지요.

# 이스터 섬의 거대한 석상들은
## 누가 만들었을까?

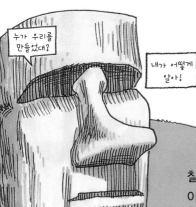

칠레 이스터 섬의 거대한 석상들을 '모아이'라고 불러요. 약 2000년 전 이스터 섬에 살던 폴리네시아 인이 만들었을 거라고 추측된답니다. 사각형의 얼굴 형상은 20톤 정도인데 가장 큰 건 50톤이고 높이는 20미터쯤 되지요. 수백 개의 모아이들은 사원 받침대 위에 세워졌고 얼굴은 들판을 향해 있어요. 학자들은 당시 사람들의 수장이나 영적 지도자의 얼굴을 본뜬 것이라 말하지만 사실인지는 알 수 없어요.

# 적도 근처는 왜 더 더울까?

적도는 지구를 반으로 가르는 상상의 선이에요. 지구가 둥글기 때문에 위치상으로 가장 태양열을 많이 받는 적도가 더울 수밖에 없지요. 햇빛을 덜 받는 곳은 극지방일 거고요. 하지만 에콰도르의 키토 시는 고도가 매우 높아서 적도 위인데도 평균 14도로 서늘해요.

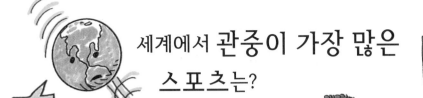

# 세계에서 관중이 가장 많은 스포츠는?

나는야, 축구 황제!

슛!

바로 오랫동안 사랑받고 있는 축구예요. 고대 중국에서는 짐승의 가죽으로 만든 공을 차고 놀았어요. 일본, 멕시코, 그리스도 축구가 자기 나라에서 먼저 생겼다고 주장하지요. 미국 원주민은 1600년대에 '파스쿠아코호웍'이라는 놀이를 했는데 이것은 '모여서 발로 공을 찬다.'라는 뜻이래요. 1863년에 마침내 영국에서 규칙을 정했어요. 오늘날 축구는 140개국에서 즐겨 하고 전 세계 사람들이 가장 좋아하는 스포츠가 되었어요.

## 팔 끝이나 팔 아래에 눈이 있는 동물도 있을까?

여기가 눈이야.

불가사리는 별도 아니고 물고기도 아니에요. 그냥 모양이 다양한 바다 생물이지요. 가장 흔한 건 가운데에 몸이 있고 별처럼 다섯 개의 팔이 달려 있는 모양이에요. 불가사리는 손끝에 있는 작은 '안점'으로 사물을 봐요. 안점은 빛을 감지하지만 모양을 볼 수는 없어요. 발은 가느다란 대롱처럼 생겨 몸통에서 손끝까지 뻗어 있어요.

## 벼룩은 왜 개와 고양이의 몸에 붙어서 살까?

이사 간다.

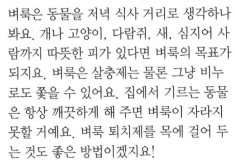

잘 가라, 벼룩!

벼룩은 동물을 저녁 식사 거리로 생각하나 봐요. 개나 고양이, 다람쥐, 새, 심지어 사람까지 따뜻한 피가 있다면 벼룩의 목표가 되지요. 벼룩은 살충제는 물론 그냥 비누로도 쫓을 수 있어요. 집에서 기르는 동물은 항상 깨끗하게 해 주면 벼룩이 자라지 못할 거예요. 벼룩 퇴치제를 목에 걸어 두는 것도 좋은 방법이겠지요!

# 가장 화려한 불꽃놀이는
## 어디에서 했을까?

2014년 1월, 두바이에서 새해를 기념하는 불꽃놀이를 했는데 규모가 매우 컸어요. 400개 지점에서 50만개의 불꽃을 쏘아 올렸지요. 6분 동안 계속 했다고 하니 1분에 83,000개의 불꽃이 터진 셈이에요.

분하다,
모기에게 지다니!

## 사람을 가장
## 많이 죽이는 동물은?

모기는 매우 작지만 사람에게 아주 위험한 바이러스를 옮겨요. 모기가 옮기는 말라리아는 매년 300만 명의 목숨을 앗아 가요. 남아프리카는 날씨가 덥고 병을 치료할 자원이 부족해서 말라리아에 따른 희생이 가장 커요. 또 그 지역에서 모기가 옮기는 다른 병도 매우 위험하고요.

## 나사(NASA)가
## 무엇일까?

나사(NASA)는 'The National Aeronautics and Space Administration' 의 약자로 미국의 우주 개발 활동을 주관하는 기관이에요. 1958년에 설립되어 최초로 사람이 달에 착륙하고, 인공위성에서 다른 행성을 관측하는 일을 맡아 했어요. 우주선을 만들고 우주 정거장을 세우는 일도 여기서 주도했어요. 나사 본부는 텍사스 주 휴스턴에 있어요.

# 간디가 누구일까?

모한다스 간디(1869~1948)는 인도가 영국에서 독립하도록 이끌었던 지도자로, '마하트마 간디'라고도 불려요. 마하트마란 '크게 본받을 만한 사람'이라는 뜻이에요. 간디는 비폭력과 용기, 진실을 주장했고 때로는 신념을 위해 단식도 했어요. 인도가 독립한 지 1년이 지난 1948년, 이슬람교도와 힌두교도 사이에 갈등이 심해졌어요. 간디는 이들에게도 평화를 외쳤지만, 반대파인 힌두교도에게 살해당하고 말았어요.

배고파!

# 조개는 먹이를 어떻게 먹을까?

조개는 작은 해초와 플랑크톤을 먹어요. 껍질을 살짝 열면 미세한 털들이 먹이를 걸러 내서 작은 입으로, 그리고 위장으로 보내지요. 위장에서 소화된 먹이는 창자에 흡수돼요. 조개는 보기엔 그냥 덩어리 같지만 입이나 위장 같은 소화 기관은 물론, 심장과 혈관도 있답니다.

# 목소리는 어떻게 나올까?

호흡 기관 안에는 '성대'라는 한 쌍의 근육이 있어요. 폐에서 나온 공기가 목을 거쳐갈 때 성대를 울려요. 소리를 내려면 성대가 좁아져야 해요. 좁을수록 높은 음이 나오지요. 거기에 입과 혀의 모양에 따라 다른 소리가 나오는 것이고요.

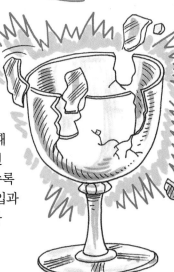

내 날개 멋있지?

# 풍차는 어디에 쓸까?

풍차는 바람의 힘을 다른 힘으로 바꾸는 장치예요. 바람이 풍차의 회전축에 달려 있는 날개를 돌리면 그 축에 연결된 지하 펌프나 기계 장치가 작동해요. 풍차가 만든 힘으로 곡식을 빻고, 농경지에 물을 끌어오고 씨앗에서 기름을 짜요. 바람의 힘으로 전기를 공급하는 풍력 발전기는 날개가 매우 크고 프로펠러처럼 생겼어요.

윙윙!

# 파리지옥이 무엇일까?

500종의 식충 식물 중 하나예요. 파리지옥은 양쪽에 커다란 잎사귀가 있는데 각각의 가장자리에 이빨처럼 생긴 가시털이 나 있어요. 곤충이 이 안을 날아다니다 감각모를 건드리면 양쪽 잎이 합쳐지면서 조개처럼 입을 닫지요. 곤충은 안에 갇혀 열흘쯤에 걸쳐 천천히 소화돼요. 다 소화되고 나면 다시 입이 열려요. 곤충을 두세 마리 잡은 후에는 잎사귀가 죽고 더 젊고 빠른 잎이 새로 난대요.

네가 무슨 카드를 낼지 알고 있다!

# 카드놀이는 누가 만들었을까?

다들 카드놀이에 정신이 팔려 "이거 누가 만들었지?"라고 물어본 사람이 없었나 봐요. 학자들은 몇몇 카드가 12~13세기에 인도에서 시작되어 이집트에서 발전했다고 해요. 1380년에는 이탈리아, 스위스, 프랑스, 스페인에서도 카드놀이를 했어요. 1452년에 이르러서는 도박으로까지 번졌어요.

# 세상에는 종교가 몇 가지 있을까?

각 나라의 토속 종교와 민속 신앙까지 모두 합치면 셀 수 없을 만큼 많아요. 이 중 가장 잘 알려지고 신도가 많은 종교는 불교, 기독교, 힌두교, 이슬람교, 유대교, 도교예요.

# 숨은 왜 쉴까?

살아가려면 몸의 모든 세포에 산소를 공급해야 해요. 공기가 폐로 들어오면 공기 중의 산소가 피 속으로 들어가요. 피가 흐르면서 각 세포에 산소를 전달해요. 그러면서 필요 없는 이산화탄소를 모아서 다시 폐로 가져가고, 호흡하면서 밖으로 내보내지요. 호흡은 의식하지 않아도 자연스럽게 이루어져요. 사람은 하루에 2만 번, 평생 6억 번쯤 숨을 쉰다고 해요.

# 고무는 어떻게 만들까?

고무나무 껍질에서 나오는 액체를 가공해서 만들어요. 고무나무는 주로 열대 지방에서 자라는데, 나무에서 얻은 액체의 수분을 없애고 화학 물질을 넣어 '탄성 고무'를 만들지요. 합성 고무는 석탄, 석유, 천연가스로 만들어요. 고무는 공기가 빠져나가지 못하게 하고 습기를 멀리하는 성질이 있어요. 탄력 있고 오래 쓸 수 있고요. 우리가 쓰는 고무 제품으로는 자동차 바퀴, 장화, 공, 지우개 등이 있어요.

내 자식들!

난 공룡 화석이야.

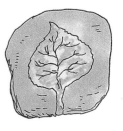

# 화석은 어떻게 만들어질까?

동물이나 식물이 죽고 나면 점점 썩어 가요. 일정한 조건에서는 흙이 동식물의 흔적을 수백만 년 동안 그대로 보존하기도 해요. 고대의 파충류 한 마리가 진흙 속에서 죽었다고 생각해 보세요. 살은 썩고 뼈는 천천히 분해되지만, 광물이 그 빈자리를 채우면서 단단해져서 뼈의 모양이 보존돼요. 또는 동식물이 죽고 나서 흙에 그 형태가 남아 있어도 화석이 될 수 있어요. 화석은 세계 어디서든 고대 돌들이 드러날 때 발견되기 쉬워요.

# 곤충도 심장과 피가 있을까?

아까운 내 피!

크기는 작지만 곤충에게도 여러 가지 복잡한 장기들이 있어요. 곤충의 심장은 몸의 윗부분을 따라 기다란 관으로 되어 있어요. 심장에서 피를 공급하는데, 곤충의 피는 사람처럼 산소를 옮기지 않아 빨간색이 아니에요. 연두색이나 노란색, 혹은 투명한 색이지요.

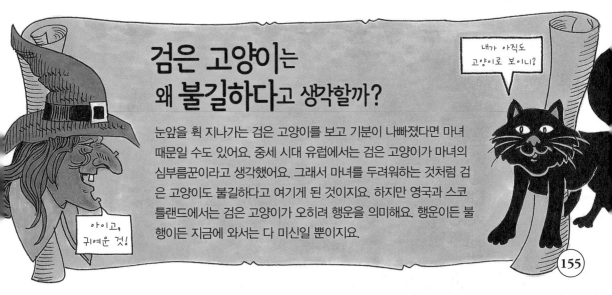

# 검은 고양이는 왜 불길하다고 생각할까?

내가 아직도 고양이로 보이니?

눈앞을 휙 지나가는 검은 고양이를 보고 기분이 나빠졌다면 마녀 때문일 수도 있어요. 중세 시대 유럽에서는 검은 고양이가 마녀의 심부름꾼이라고 생각했어요. 그래서 마녀를 두려워하는 것처럼 검은 고양이도 불길하다고 여기게 된 것이지요. 하지만 영국과 스코틀랜드에서는 검은 고양이가 오히려 행운을 의미해요. 행운이든 불행이든 지금에 와서는 다 미신일 뿐이지요.

아이고, 귀여운 것!

# 토성 둘레에는
## 왜 고리가 있을까?

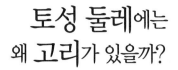

이건 반지가 아니라고!

토성은 얼음 덩어리와 먼지, 금속 물질에 둘러싸여 있어요. 이것들은 위성처럼 토성의 궤도를 돌아요. 또 각자 중력이 있는 작은 위성과 소천체도 토성 주위를 돌지요. 과학자들은 당기는 힘 때문에 입자들이 흩어지지 않고 고리 모양을 이룬다고 해요.

# 동물들을
## 어떻게 훈련시킬까?

나 잘했죠?

난 훈련 못해요!

조련사가 어떤 행동을 시킨 다음 먹이나 간식으로 상을 주는 방법으로 많은 동물을 훈련시킬 수 있어요. 이 상은 동물이 그 행동을 잘할 수 있도록 해 주지요. 동물은 사람처럼 생각한 뒤 행동하지는 못하더라도 이런 방법으로 학습할 수 있어요. 고릴라, 침팬지, 돌고래 등의 동물을 이렇게 훈련시킨답니다.

# 파르테논이 무엇일까?

기원전 5세기경 그리스 아테네에 지은 신전인데 전쟁과 지혜의 여신인 아테나를 기리기 위한 것이에요. 도시가 한눈에 보이는 아크로폴리스 언덕에 우뚝 서 있지요. 파르테논 내부의 많은 조각상은 세계에서 손꼽히는 예술 작품이에요.

비를 내려 주소서!

노력은 가상한데 비가 안 와서 어쩌나.

# 기우제가 무엇일까?

가뭄이 계속 이어질 때 비가 오기를 기도하는 제사예요.
고대 사회에서는 가뭄이나 홍수 등 자연재해를 신이 결
정하는 것으로 여겼어요. 그래서 비가 필요할 때 비의
신에게 기도를 드리는 건 당연한 일이었어요. 기우제를
지내면서 노래를 부르고, 춤도 추었지요.

얼른 익어라!

# 포크는 언제 발명되었을까?

고기를 집어 불에 구울 때 쓰던 긴 갈퀴가 아마 최초의 포크였을 거예요.
1500년대 이탈리아에서 최초로 식탁 앞에 포크를 놓았지만, 옷에 음식이
묻을까 봐 걱정하는 몇몇 사람만 썼을 뿐 그리 흔하지 않았어요. 수프는
숟가락 없이 먹기 힘들지만 포크는 안 써도 불편하지 않으니까요.

## 가장 어린 나이에 왕이 된 사람은?

4년 동안 왕이었어.

중국의 마지막 황제 푸이(1906~1967)는 두 살 때 황제가 되었어요. 그가 여섯 살이 되던 해에 혁명이 일어나 모든 것이 달라졌어요. 푸이는 강제로 나라를 떠나야 했어요. 나중에 돌아왔지만 감옥에 갇혔어요. 그는 죽기 전 10년 동안 베이징의 한 대학에서 정원사로 일하다가 1967년에 세상을 떠났답니다.

## 가장 빠른 기차는 무엇일까?

프랑스의 테제베(TGV)는 최고 시속이 515킬로미터로 매우 빠른 고속 철도예요. 평상시 속도인 시속 300킬로미터도 충분히 빠르지만 말이에요. 우리나라의 고속 철도인 KTX의 최고 속도는 시속 330킬로미터로, 고속 철도를 타면 세 시간 안에 서울에서 부산까지 갈 수 있어요.

총알보다 빠른 기차!

## 이솝이 누구일까?

이솝(기원전 620~기원전 560)은 그리스의 유명한 작가예요. 동물을 주인공으로 사람들의 이야기를 하는 그의 우화는 지금도 전 세계에서 사랑받고 있지요. 《토끼와 거북》은 토끼와 거북이 달리기 경주를 하는 이야기예요. 발이 빠른 토끼는 당연히 자기가 이길 것으로 생각하고 게으름을 피우며 낮잠까지 자요. 거북은 발은 느리지만 꾸준히 걷고 또 걸어서 결국 이겼지요. 이 이야기는 무슨 일이든지 끈기를 가지고 성실하게 노력하면 성공할 수 있다는 교훈을 줘요.

달리기 할래?

달리기 쯤이야!

준비 땅!

# 흰개미는 어떻게 개미탑을 만들까?

흰개미는 침으로 흙을 붙여 개미탑을 지어요. 흰개미의 종류는 다양한데, 무리를 이뤄서 사는 종은 수백만 마리씩 모여 살기 때문에 큰 탑을지을 수 있어요. 높이가 6~9미터 정도로 크고, 그 안에는 복잡한 굴로연결된 방이 많아요. 각 개미탑에는 일개미, 병정개미가 살고, 가운데방에는 여왕개미가 살지요. 여왕개미는 다른 개미보다 몸집이 크고 하루에 알을 수천 개씩 낳아요. 흰개미는 아프리카, 오스트레일리아, 남미같이 따뜻한 지역에 많이 살아요.

우리 집
멋지지?

# 공중 부양이 무엇일까?

마술사가 사람을 공중에 떠오르게 하는 걸 본 적 있나요?
그런 걸 공중 부양이라고 해요. 어떻게 하느냐고요? 그거야
마술사만 아는 비밀이지만, 분명히 속임수겠지요. 하지만
정신력을 이용해 사람이나 물건을 공중에 띄울 수 있
다고 믿는 사람들도 있어요. 수영장에서 물에 뜨는
기분과 비슷하지 않을까요?

얍! 얍!

# 세상에서
# 가장 작은 나라는?

도시 안에 들어 있는 나라가 있어요. 바로 이탈리
아의 수도 로마에 있는 '바티칸'이에요.
　이 나라는 로마 교황청이 주권을 가진 국가
예요. 교황이 여기에 살지요. 전체 면적이
0.44제곱킬로미터로, 걸어서
금방 한 바퀴를 돌 수
있을 만큼 작아요.

이탈리아

바티칸

뿅!

## 별은 왜 반짝거릴까?

실제로 별은 반짝거리지 않아요. 별빛이 대기를 통과하면서 반짝거려 보이는 것이지요. 대기에는 언제나 먼지와 연기, 그 밖의 입자가 춤추고 있어요. 그런 입자들이 별빛과 충돌하면서 별이 깜빡이는 것처럼 보이는 거예요. 또 대기가 광선을 휘게 하는데, 그것 역시 별이 반짝이는 것처럼 보이는 역할을 해요.

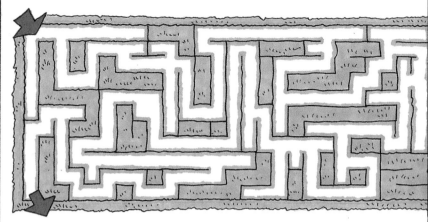

## 세상에서 가장 큰 미로는?

2010년, 우리나라 제주도에 세계 최대의 미로 공원이 문을 열었어요. 전체 면적이 1만 7,243제곱미터, 길이는 4,000미터로 세계에서 가장 넓고 긴 미로 공원이에요.

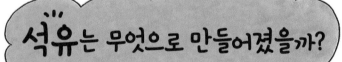

석유는 무엇으로 만들어졌을까?

고대 식물과 해양 생물이 죽어서 분해되면 암석 안에 갇히거나 많은 양의 모래와 진흙에 묻혀요. 시간이 지나면서 엄청난 압력을 받으면 탄소와 다른 물질이 생기는데 그게 바로 석유예요. 석유가 만들어지기까지 시간이 매우 오래 걸리기 때문에 언젠가는 바닥이 나게 되어 있어요. 많은 과학자는 이미 석유를 대신할 자원을 찾기 위해 연구하고 있어요.

석유

## 자유의 여신상은
### 누가 만들었을까?

프레데리크 바르톨디가 디자인하고 알렉상드르 에펠(에펠 탑의 디자이너)이 뼈대를 만들었어요. 횃불을 손에 든 이 커다란 동상은 프랑스가 친선의 의미로 미국에 준 선물이에요. 자유를 상징하지요. 만들고 옮기는 과정 모두 부위별로 따로 했기 때문에 완성해서 뉴욕 항구 리버티 섬에 세운 건 1886년이에요. 발부터 횃불까지 높이가 46미터, 무게는 225톤이랍니다.

## 피겨 스케이팅이
### 무엇일까?

스케이트를 신고 빙판 위에서 여러 가지 아름다운 동작을 표현하는 운동이에요. 초기의 피겨 스케이팅은 얼음 위에 정해진 모양의 도형을 똑같이 따라 스케이팅하는 경기였어요. 1864년 발레 선생님이었던 미국의 잭슨 헤인즈가 스케이트를 신고 왈츠를 추었던 것이 아름다운 연기를 하는 지금의 피겨 스케이팅을 만드는 계기가 되었지요. 우리나라는 김연아 선수가 2010 밴쿠버 올림픽 피겨 스케이팅 여자 싱글 종목에서 처음으로 금메달을 획득했어요.

와! 아름답다!

난 스케이트 못 타요.

## 살아 있는 화석이 무엇일까?

수백만 년 동안 거의 변하지 않고 살아남은 식물이나 동물을 가리켜요. 예를 들면 '실러캔스'라는 물고기가 있어요. 1938년까지도 과학자들은 실러캔스가 이미 멸종된 지 9000만 년이 넘었다고 생각했어요. 그런데 남아프리카 바다에서 살아 있는 실러캔스가 잡혔지요! 상어 역시 살아 있는 화석으로 공룡이 나타나기도 전인 3억 5000만 년 전부터 존재했어요.

# 화석이 무엇일까?

수백만 년 동안 거의 변하지 않고 살아 있던 것들의 흔적이 보존된 거예요. 화석은 주로 동물의 뼈 종류이지만 때때로 알이나 나무 껍질 같은 것도 있어요. 또 화석화된 발자국, 동굴, 껍질 무늬 등도 있고 심지어 '분석'이라고 해서 화석화된 배설물도 있답니다.

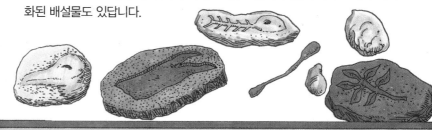

# 공룡과 사람이 함께 살았던 적이 있을까?

공룡은 2억 4500만 년 전부터 지구에 나타났다가 6500만 년 전에는 모두 멸종되었어요. 인류의 가장 첫 조상인 오스트랄로피테쿠스는 400만 년 전에 처음 나타났지요. 현재의 모습과 가까운 인류는 20만 년 전에야 나타났고요. 그러니 서로 마주칠 일이 없었겠지요.

# 다윈이 누구일까?

내가 진화론을 주장했지!

찰스 다윈(1809~1882)은 영국의 생물학자이자 철학자예요. 해군 측량선 비글호의 박물학자(자연물을 연구하는 과학자)로 승선해 세계 여러 곳의 동식물을 연구했어요. 이를 바탕으로 1859년에 《종의 기원》이란 책을 내서 모든 동식물은 환경에 맞게 변화했다는 진화론을 펼쳤어요. 다윈의 생각은 세계관을 크게 변화시켰고, 오늘날까지도 그에 대한 논란이 계속되고 있어요.

# 공룡의 생김새를 어떻게 알 수 있을까?

화석이 된 공룡 뼈를 발견해 서로 맞추어 봤기 때문이지요. 뼈에 있는 자국을 중요한 실마리 삼아 근육이 어떻게 붙어 있는지 알아내요. 전문가들이 근육의 형태를 다시 구성해 보고 공룡의 겉모습을 그려 보지요. 공룡과 파충류에 대한 기본 지식에 화석을 통해 알아낸 사실을 합쳐서 피부의 무늬와 색깔도 추측해 볼 수 있어요.

솔직히 내가 제일 잘생겼지.

난 디플로도쿠스야.

난 예쁜 익룡!

이구아노돈이 더 낫지.

난 매력적인 펠로로사우루스라고 해.

트리케라톱스도 꽤 멋지다고.

악어가 최고야.

내가 제일 귀엽지 않니?

# 무리해가 무엇일까?

태양의 한쪽 면 또는 양쪽 면 모두에 나타나는 밝은
점이에요. 햇빛이 공기 중의 얼음 결정을
통과할 때 생겨요.

# 하늘은 왜 파란색일까?

지구의 대기에 있는 분자와 먼지 입자가 햇빛을 흩어 놓기 때문이에요. 보라색과 파란색처럼 짧
은 광파는 빨간색이나 주황색 광파보다 더 잘 흩어져요. 우리 눈에 하늘이 파란색으로
보이는 이유는 하늘의 색깔은 파란색, 보라색, 초록색, 그리고 다른 색의
작은 입자가 고루 퍼져서 섞여 있기 때문이에요. 만일 달 위에 서서
하늘을 본다면 빛을 잡거나 흩어 놓는 대기가 없으므로 그냥
까만색으로 보일 거예요.

# 무지개가 무엇일까?

햇빛이 물방울을 통과하며 반사되어
나올 때, 빛의 파동이 다르므로 분리
되어 각각 다른 색으로 나타나요.
모든 빗방울이 빛을 이런 식으로
바꾸지요. 멀리서 보면 우리 눈
에는 각 색깔이 하늘에 걸린
띠로 보인답니다.

# 오로라가 무엇일까?

밝은색으로 일렁거리는 빛의 고리로, 극지방 근처의 밤하늘에 나타나요. 태양에서 흘러나오는 입자가 지구의 위쪽 대기에 가스를 만들면서 생기는 현상이에요. 오로라를 구경하기 가장 좋은 곳은 알래스카 북부, 캐나다의 허드슨 만, 노르웨이 북부, 시베리아 북부예요.

알래스카 북부

멋지다!

# 밤에도 무지개를 볼 수 있을까?

달빛과 떨어지는 물방울이 합쳐지면 '달무지개'가 만들어져요. 달에서 반사되는 빛은 햇빛보다 매우 약하기 때문에 달무지개는 일반 무지개보다 희미한 편이에요. 달무지개는 보름달이 뜬 폭포 주위에서 볼 수 있어요.

# 왜 어떤 난초는 벌처럼 생겼을까?

벌을 속여 꽃가루를 퍼뜨리기 위해서예요. 벌이 난초를 다른 벌로 착각하고 짝짓기를 하려다가 꽃가루를 묻히고, 또 다른 난초로 날아가면 자연스럽게 꽃가루가 수정되지요.

# 날다람쥐는 정말 하늘을 날까?

날다람쥐는 날지 않고 뛰어요. 날다람쥐의 앞다리와 뒷다리 사이에 얇은 피부막이 있어요. 나무에서 뛰어내리면서 다리를 펼치면 이 피부막이 낙하산처럼 안전하게 땅에 내려앉도록 도와줘요.

## 날여우가 무엇일까?

날여우는 진짜 여우가 아니에요. 커다란 박쥐 중에 털이 갈색이고 귀가 뾰족해서 여우같이 생긴 박쥐를 날여우라는 이름으로 부르는 거예요. 날여우는 과일이나 꽃가루를 먹고 일 년 내내 따뜻한 지방에서 살아요.

# 가장 큰 곤충은 무엇일까?

세상에서 가장 큰 장수풍뎅이는 헤라클레스장수풍뎅이예요. 몸길이가 15~18센티미터이고, 몸무게는 100그램이나 나가요. 거의 쥐만 한 크기지요! 힘도 세서 앞다리로 바나나 껍질도 벗길 수 있대요. 가장 큰 하늘소는 타이탄 하늘소예요. 몸길이가 무려 15~20센티미터라고 해요.

# 왜 새들은 V자를 그리며 날아갈까?

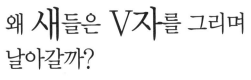

제일 앞에 날아가는 새의 날개가 위로 뜨는
힘인 양력을 만들어 내면 뒤따라가는
새는 그 흐름을 타 힘을 적게 들이
고 날 수 있어요. 새들은 돌아가며 맨 앞자리
에서 무리를 이끌어요. 과학자들이 계산해 보니
새가 V자 대형으로 날아가면 혼자 날아갈 때보다 훨씬 많은 거리
를 갈 수 있대요. 매년 봄과 가을마다 대륙을 건너는 기러기처럼 장거리 여
행을 해야 하는 철새들에게는 매우 중요한 사실이에요.

기다려.

잘 다녀와.

## 날 수 있는 새 중 가장 큰 새는?

새의 몸이 너무 무거우면 공중에 뜰 수가 없어요. 아프
리카에 사는 엽조가 거의 그 한계에 가까워요. 엽조의
무게는 13킬로그램으로, 거의 세 살 아기의 몸무게
와 비슷해요.

살 좀 빼야 할까요?

## 케찰코아틀루스가 무엇일까?

공룡이 살던 시기 거의 끝 무렵에 있었던 날아다니는 파충류예요.
과거와 현재를 통틀어 날아다니는 생물 중 가장 컸고요. 케찰코아
틀루스는 펼치면 12미터나 되는 얇은 날개로 지금의 미국 텍사스
지역을 날아다녔어요.

내가 좀 크지!

# 얼음은 왜 물에 뜰까?

물질은 보통 고체일 때 밀도가 높은 성질이 있어요. 하지만 물은 보통 물질과 반대의 성질을 가졌어요. 물을 얼리면 액체인 물의 양보다 고체인 얼음의 부피가 커져요. 질량은 그대로인데 부피만 커졌기 때문에 밀도는 줄어든답니다. 밀도가 낮은 얼음은 물보다 가벼우므로 물 위에 둥둥 뜨게 되지요.

> 다행이다.

# 만일 **얼음**이
# 물에 뜨지 않으면 **어떻게** 될까?

물에 사는 물고기와 거북에게 나쁜 소식이에요. 물이 바닥부터 얼어붙기 시작할 테니까요. 그렇게 되면 물에 사는 생물은 겨울을 버티지 못하고 다 없어져 버릴 거예요. 물에 사는 생물이 사라지면 물에 사는 생물을 먹고 사는 다른 동물들도 점점 멸종되고 말 거예요. 생태계는 먹이 사슬로 이루어져 있으니까 말이에요.

> 으악!
> 물에 빠졌어!

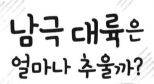

# 남극 대륙은
# 얼마나 추울까?

> 이런 날씨
> 마음에 들어.

남극의 연평균 기온은 영하 23도로 지구에서 가장 기온이 낮아요. 너무 추우므로 나무는 전혀 없고 꽃이 피는 식물은 두 종류만 살고 있지요.

> 너무
> 추워요.

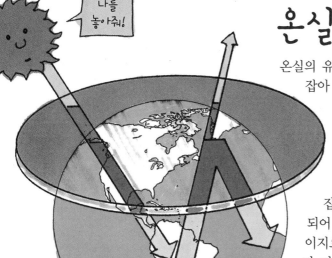

# 온실 효과가 무엇일까?

온실의 유리는 태양에서 나오는 열기를 실내에 잡아 두지요. 지구의 대기도 온실의 유리와 같이 작용하기 때문에 지구의 겉면이 따뜻한 거예요. 그렇지 않으면 지구는 얼음으로 뒤덮일 거예요. 하지만 최근에는 오히려 온도가 너무 높아져서 걱정이에요. 태양의 열기를 붙잡아 주는 이산화탄소가 너무 많이 배출되어 온실 효과가 지나치게 커지고 있는 것이지요. 이산화탄소는 대기 중에 항상 있지만 자동차와 발전소, 그 밖에 인간이 만든 물건들 때문에 이산화탄소가 너무 많이 나오고 있어요.

# 섭씨와 화씨의
## 차이는 뭘까?

섭씨(℃)와 화씨(℉)는 온도를 표시하는 단위들이에요. 우리나라에서는 섭씨를 사용하지요. 물이 어는 온도는 섭씨 0도 또는 화씨 32도예요. 끓는 온도는 섭씨 100도 또는 화씨 212도이고요. 섭씨를 화씨로 바꾸려면 섭씨온도에 1.8을 곱한 다음 32를 더하면 돼요. 또 화씨를 섭씨로 바꾸려면 화씨온도에서 32를 빼고 1.8로 나누어요.

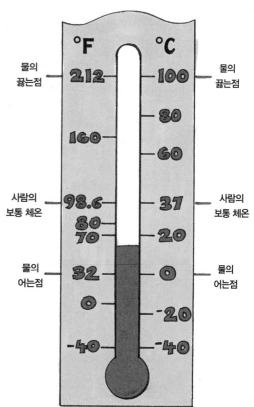

물의 끓는점 — 212 ℉ / 100 ℃ — 물의 끓는점

160 / 80

/ 60

사람의 보통 체온 — 98.6 ℉ / 37 ℃ — 사람의 보통 체온

80 / 20

70

물의 어는점 — 32 / 0 — 물의 어는점

0

-20

-40 / -40

# 나방은 왜 불빛 주위를 돌까?

어지러워!

밤에 날아다니는 나방은 달과 일정한 각도를 유지하면서 목표물을 찾아 날아다녀요. 그러다 인공적인 빛을 발견하면 불빛과 달빛을 헷갈려서 달 대신 그 빛과 각도를 유지하려고 하지만 전혀 소용이 없지요. 흔들리는 불빛과 같은 각도를 유지하려면 계속 방향을 바꿔야 하니까요. 그래서 빛 주위만 뱅뱅 도는 것이랍니다. 그러다가 등에 부딪혀 죽거나 불에 타서 죽기도 해요. 이렇게 불빛에 나방이 모여드는 현상을 '주광성'이라고 해요.

## 거미는 왜 거미줄에 안 걸릴까?

거미는 끈적이는 곳을 피해 다니니까요. 어떤 거미는 마른 실로 거미줄을 복잡하게 짠 다음, 그 주위에 둥그렇게 끈끈한 실을 둘러요. 그리고 마른 실만 밟고 다니지요. 만일 실수로 다리가 끈끈한 부분에 붙어도 자기 침으로 떼어 낼 수 있어요.

## 딱정벌레는 종류가 얼마나 될까?

가장 종류가 많은 곤충이 바로 딱정벌레예요. 과학자들이 아는 것만 30만 종인데, 아직 밝혀지지 않은 것까지 치면 더 많아요. 딱정벌레 중 가장 수가 많은 건 바구미예요. 바구미의 종류만 해도 5만 가지가 넘는답니다!

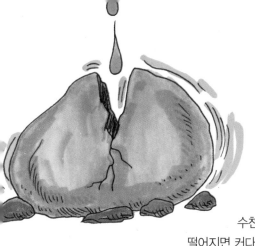

# 물이 어떻게
# 바위를 깰까?

나 우표 밟는 코끼리야.

물이 얼면 부피가 커져요. 그러니 만일 물이 바위틈으로 들어가서 얼게 되면 그 틈을 더 벌리거나 심하면 바위를 쪼갤 수도 있지요. 수천 년 동안 계속 이런 식으로 물이 떨어지면 커다란 산도 돌무더기가 되어 버릴 수 있답니다. 언 물이 바위에 가하는 압력은 코끼리가 우표 위에 서 있는 것과 같다고 해요!

# 동물의 눈에도
# 색깔이 보일까?

새들은 색을 잘 구별한다고 해요. 포유류 대부분은 색맹인데 원숭이와 유인원, 인간은 색을 구분할 수 있어요. 개나 고양이의 눈에는 이 세상이 검은색, 회색, 흰색으로만 보일 거예요.

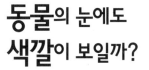

원래 세상은 흑백이야!

# 비버는 왜 입안에
# 가시가 박히지 않을까?

마른 나무가 아닌 살아 있는 나무나 물에 담긴 나뭇가지만 갉으니까요. 또 비버는 큰 앞니 뒤에 두 입술을 굳게 다물고 있어 나무 조각이 입속으로 들어가지 않고, 물속에서 작업할 수 있답니다.

나무 갉는 데 도사라고!

## 성 엘모의 불이 무엇일까?

폭풍이 불 때 돛대 끝의 피뢰침에 푸른 불꽃이 생기며 방전되는 현상이에요. 예전에 선원들은 이 불꽃을 보고 수호신인 성 엘모가 자신들을 지켜 주는 것이라 믿었지요. 그래서 '성 엘모의 불'이라 불린답니다.

## 번개는 왜 칠까?

구름 속의 얼음 결정이 빠르게 움직이면 전하가 생겨요. 소매에 풍선을 문지르면 정전기가 일어나는 것과 비슷한 원리예요. 구름 아래 땅 위에도 전하가 생기는데, 음전하와 양전하가 만나면 조심해야 해요! 엄청난 전류, 즉 번개가 두 전하 사이에 흐르거든요. 대부분의 번개는 구름 속에 있고, 4분의 1 정도만 땅에 떨어져요.

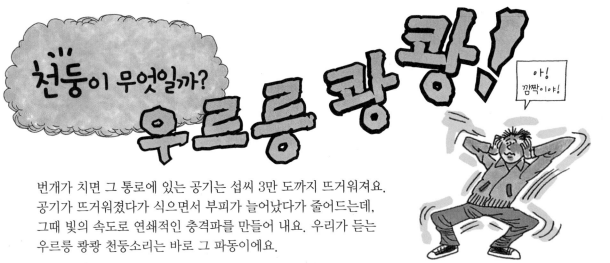

# 천둥이 무엇일까?
# 우르릉 쾅쾅!

아! 깜짝이야!

번개가 치면 그 통로에 있는 공기는 섭씨 3만 도까지 뜨거워져요. 공기가 뜨거워졌다가 식으면서 부피가 늘어났다가 줄어드는데, 그때 빛의 속도로 연쇄적인 충격파를 만들어 내요. 우리가 듣는 우르릉 쾅쾅 천둥소리는 바로 그 파동이에요.

## 전기뱀장어는 왜 감전되지 않을까?

우리가 우리 몸에 있는 전기에 감전되지 않는 것과 같은 이유랍니다! 우리 몸의 신경에는 보호막이 둘려 있어서 몸속 전기로부터 몸을 보호해요. 전기뱀장어도 마찬가지예요. 하지만 뱀장어가 만들어 내는 전기는 사람보다 훨씬 강해요.

요새 별일 없지?

안녕?

잘 지내?

## 어떻게 새들은
## 감전되지 않고 전깃줄에 앉아 있을까?

새는 한 선만 건드리고 전기가 통하는 다른 물체에는 닿아 있지 않기 때문에 전기가 새의 몸을 통과하지 않고 그냥 선만 따라 흘러요. 하지만 사람이 전선에 걸린 연을 내리려고 하는 행동은 굉장히 위험해요. 우리가 한 손에 막대기를 들고 전선의 연을 건드리면 전류가 연을 통해 사람 몸속으로, 다시 땅으로 흐르지요. 사람이 감당하지 못할 엄청난 충격이에요.

# 왜 가만히 서 있어도 움직인다고 할까?

지구는 자전축을 중심으로 시속 1,670킬로미터로 돌면서, 동시에 시속 10만 7,208킬로미터로 태양 주위를 돌고 있어요. 하지만 우리도 지구와 같은 속도로 움직이고 있어서 지구의 자전과 공전을 느낄 수 없는 것이랍니다.

# 지구는 얼마나 클까?

우리가 지구를 잘게 잘라서 1초에 20톤씩 치운다고 하면, 다 없애는 데 1,000,000,000,000,000,000(100경)년이 걸릴 정도로 커요. 그런데 태양에 비하면 정말 작은 거예요. 태양 하나에 지구가 100만 개는 들어갈 수 있으니까요!

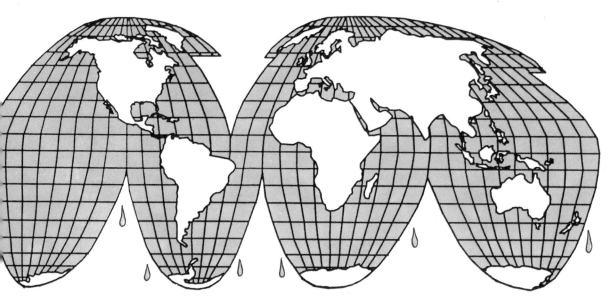

## 지구 겉면에 물이 얼마나 있을까?

지구 전체의 70퍼센트가 물이에요. 지구의 겉면 중 땅은 3분의 1이 채 안 돼요. 우리나라는 지구 전체의 0.02퍼센트를 차지하고 있고요.

## 허리케인은 늘 같은 방향으로 돌까?

허리케인의 위치에 따라 달라져요. 북반구에서는 허리케인이 시계 반대 방향으로 돌아요. 남반구에서는 허리케인과 같은 종류의 폭풍인 '사이클론'이 시계 방향으로 돌아요. 허리케인이 도는 방향은 지구의 자전 때문에 달라져요. 지구가 회전하기 때문에 물체는 지구의 표면에서 자유롭게 움직여도 휠 수밖에 없지요. 바람과 바닷물의 움직임도 마찬가지이고요.

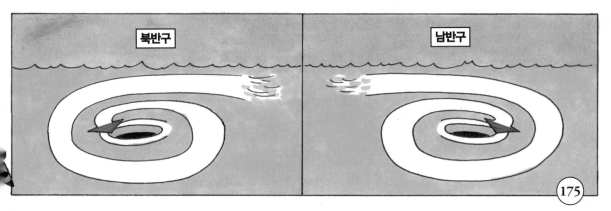

북반구

남반구

## 빅뱅이 무엇일까?

약 135억~140억 년 전에 거대한 폭발로 우주가 생겨났는데, 이것을 '빅뱅'이라고 불러요. 과학자들은 이 폭발을 시작으로 모든 것이 생겨나기 시작했고, 오늘날까지도 우주가 팽창하고 있다고 말하지요.

## 광년이 무엇일까?

빛이 1년 동안 갈 수 있는 거리로, 1광년은 9조 4,670억 7,782만 킬로미터예요. 사물과 우주 사이의 아주 먼 거리를 이야기할 때 이 단위를 쓰지요.

## 우리가 보는 별 중에 가장 밝은 별은?

태양이 가장 밝아 보이는 것은 지구와 약 1억 5,000만 킬로미터 떨어져 있기 때문이에요. 시리우스는 태양보다 23배 더 밝지만 태양보다 훨씬 먼 약 8.6광년 떨어져 있어요. 시리우스는 태양보다 더 크고 뜨거워요.

## 달에 가면 **몸무게가** 얼마나 될까?

1969년 미국의 닐 암스트롱이 달에 착륙했을 때, 무거운 우주복을 입고 있었는데도 둥둥 떠다녔어요. 달은 지구보다 중력이 약하기 때문이에요. 약한 중력 때문에 지구에서 100킬로그램인 사람이 달에서는 17킬로그램밖에 안 돼요. 가장 중력이 센 행성은 목성이에요. 100킬로그램인 사람이 목성에 간다면 260킬로그램이 될 거예요.

수성이 제일 마음에 들어!

## 우주 몸무게를 알아보자!

다른 행성에서 몸무게가 얼마나 나가는지 알아보려면 아래 나와 있는 행성의 중력에 자신의 몸무게를 곱해 보세요. 내 몸무게가 100킬로그램이라면 토성에서는 1.2를 곱해 120킬로그램이 되겠지요.

수성 : 0.28
금성 : 0.85
지구 : 1
화성 : 0.38
목성 : 2.6
토성 : 1.2
천왕성 : 1.1
해왕성 : 1.4

## 우리 은하에서 가장 큰 별은?

피스톨별이에요. 태양보다 100배 크고, 100억 배 밝아요. 하지만 지구와 2만 5,000광년 떨어져 있어서 눈으로는 볼 수 없어요.

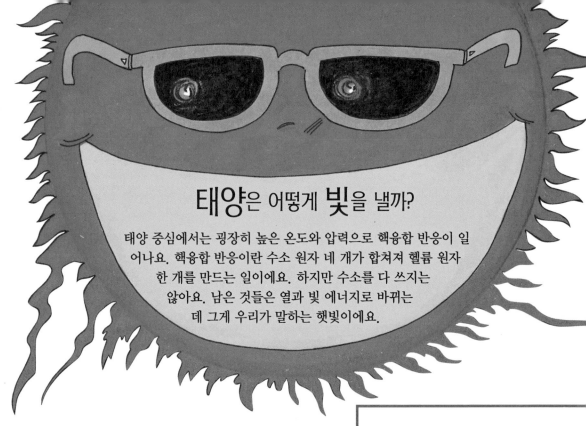

# 태양은 어떻게 빛을 낼까?

태양 중심에서는 굉장히 높은 온도와 압력으로 핵융합 반응이 일어나요. 핵융합 반응이란 수소 원자 네 개가 합쳐져 헬륨 원자 한 개를 만드는 일이에요. 하지만 수소를 다 쓰지는 않아요. 남은 것들은 열과 빛 에너지로 바뀌는데 그게 우리가 말하는 햇빛이에요.

# 낙타는 어떻게 물을 안 마시고 오래 버틸까?

혹 속에는 물 없지롱!

낙타의 몸에서 물을 저장하기 때문이에요. 낙타는 땀을 별로 안 흘리고 배설물도 매우 건조해요. 목마른 낙타는 10분 만에 물 110리터를 마실 수 있어요. 낙타는 풀을 통해 수분을 섭취하고, 튼튼한 조직에 저장해요. 물이 모자라면 낙타는 저장해 둔 물을 쓰는데 그러면 몸무게가 최대 40퍼센트 가까이 줄어든다고 해요.

# 도구를 쓰는 동물은 인간밖에 없을까?

침팬지는 나뭇가지로 개미굴을 쑤셔서 가지 끝에 매달려 나오는 개미를 먹어요. 이집트 대머리수리는 돌멩이를 떨어뜨려 타조 알을 깨 먹는가 하면, 수달은 배에 돌을 올려놓고 조개 같은 걸 깨서 먹어요. 그 밖에도 도구를 쓰는 동물들이 있어요.

개미야, 나와라!

# 고여 있는 물은 왜 비칠까?

고여 있는 물은 왜 비칠까?

난 정말 잘생겼어!

모든 표면은 빛을 반사해요. 일반적으로 겉면이 반듯하고 매끄러울수록 빛이 더 잘 반사되지요. 반사가 잘되면 더 또렷한 형상을 볼 수 있어요. 고여 있는 물도 겉면이 평평하기 때문에 잘 비치는 거예요. 표면이 울퉁불퉁하면 반사된 빛이 여기저기로 흩어져서 형상이 제대로 비치지 않는 답니다.

## 더운 날에는 왜 마른 길이 젖은 것처럼 보일까?

헛것이 보여!

길에 물웅덩이가 있는 것처럼 보이는 건 하늘이 반사된 모습 때문이에요. 하늘의 시원한 공기를 가르던 빛이 땅에서 올라오는 뜨겁고 습한 공기와 맞닥뜨리면, 빛이 휘면서 길 위에 하늘의 모습이 비쳐 보여요. 마치 거울처럼 말이에요.

## 세상에서 가장 맑은 물은 어디에 있을까?

와!

지구의 맑은 물 가운데 80~90퍼센트가 언 채로 남극에 있어요. 이 얼음의 평균 두께는 500미터나 된대요. 이 얼음이 녹으면 지구 전체 바다의 높이가 50~60미터는 높아질 거예요.

# 섬도 새로 만들어질까?

1963년 어느 날, 어부들이 아이슬란드 근처 바다에서 전에 없던 바위섬을 보았어요. 그 부분의 바다 아래에서 화산 폭발이 일어났던 거예요. 쏟아져 나온 용암이 굳어서 바위가 됐는데 쌓이고 쌓여서 점점 커지고 높아진 것이지요. 이 새로운 섬은 처음 바다 위로 머리를 내민 지 겨우 4일 만에 60미터로 높아지고 길이는 600미터나 되었어요. 이 섬의 이름은 쉬르트세이 섬인데, 지름은 760미터랍니다.

## 화산 때문에 저녁노을이 더 알록달록해질까?

화산은 한꺼번에 많은 고운 재를 대기 중에 뿌려 대지요. 이 재 때문에 햇빛은 더욱 뿔뿔이 흩어져 하늘을 빨간색과 주황색으로 물들여요. 특히 해가 뜨고 질 때 보면 확실하게 평소보다 더 진한 빨간색과 보라색으로 물드는 것을 알 수 있어요.

## 쓰나미는 얼마나 위험할까?

가장 엄청난 쓰나미 중 하나는 1703년 일본의 아와에서 일어났는데, 사망자가 10만 명에 이르렀지요. 2004년에는 30미터 높이의 쓰나미가 인도네시아, 타이, 스리랑카, 인도 남부의 바닷가를 덮쳐 20만 명 이상의 목숨을 빼앗았어요. 쓰나미가 다가오는 모습은 실제보다 덜 위험해 보일지도 모르지만 피하지 않으면 파도에 휩쓸리고 말아요.

# 1883년 대폭발은 어떻게 일어났을까?

인도네시아의 크라카토아 화산은 1883년 8월 26일에 폭발했어요. 그러나 정말 큰 폭발은 다음 날 발생해서 섬 전체가 거의 날아갔지요. 증기와 재가 35킬로미터 위까지 솟아오르고 쓰나미가 배를 덮쳐서 적어도 3만 6,000명이 죽었어요. 5,000킬로미터 바깥에 있던 사람까지도 화산의 폭발음을 들었을 정도로 엄청났다고 해요.

## 간헐천이 무엇일까?

증기와 가스, 뜨거운 물이 뿜어져 나오는 땅속의 구멍이에요. 간헐천은 화산 지대에서 볼 수 있어요. 마그마가 지표 가까이 올라오면서 근처의 바위를 뜨겁게 하고, 그 돌들은 다시 지하에 고인 물을 데우지요. 그 물이 끓는점에 도달하면 압력이 높아져서 땅에서 솟구쳐 올라온답니다.

와우! 온천이다!

## 종유석과 석순이 무엇일까?

둘 다 지하수에 녹아 있던 석회 성분이 모여 암석을 만든 거예요. 종유석과 석순은 석회 동굴에서 쉽게 찾아 볼 수 있어요. 그림에서 볼 수 있듯이 종유석은 천장에서 내려오고 석순은 땅에서 올라와요. 시간이 지나면 종유석과 석순이 서로 만나 석회 기둥을 만드는데 이것을 '석주'라고 한답니다.

조만간 석주가 되겠어.

181

# 세상에서 햇볕이
# 가장 쨍쨍한 곳은?

여름의 남극이에요. 남극의 여름은 해가 잠시
지평선 아래로 숨는 1~2시간을 제외하고는
항상 해가 떠 있어요. 하지만 해가 아무리
비춰도 빛의 50~90퍼센트를 반사하기
때문에 눈과 얼음이 녹지 않아요. 기온
도 따뜻하지 않아요. 가장 더운 한여
름에도 기온이 0도까지 올라가는
일은 거의 없답니다.

일광욕하기
딱 좋아!

으악!
내가 졌다!

눈덩이
받아랏!

# 눈덩이를 만들기에
# 가장 좋은 눈은 무엇일까?

어느점 아래로 내려갔을 때 생긴 눈송이보다
얼기 직전 기온에서 내리는 눈송이가 더 크고
촉촉해요. 물기가 있으면 건조한 눈송이보다
잘 뭉쳐지기 때문에 눈덩이나 눈사람을
만들기가 훨씬 쉬워요.

나도
끼워 줘!

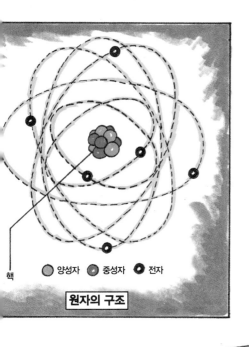

양성자 중성자 전자
핵
**원자의 구조**

# 원자가 무엇일까?

물질을 이루는 작은 구성 요소예요. 모든 원자는 양성자, 중성자, 전자의 조합으로 만들어져요. 비슷한 구조의 원자가 산소, 수소, 헬륨과 같은 원소를 이루고요. 이 원소는 자연적으로 발견되며 원소끼리 모여서 완전히 새로운 물질을 만들어 내기도 해요. 예를 들면 두 개의 수소 원자와 하나의 산소 원자가 모여 하나의 물 분자가 되지요.

## 방사능은 왜 생길까?

양성자와 중성자가 결합해서 원자핵을 만들어요. 안정된 원자핵을 만들기도 하고, 불안정한 원자핵을 만들기도 하지요. 방사능은 불안정한 원자핵이 조금 더 안정된 형태로 변하려고 할 때 나오는 에너지예요. 아무리 적은 양이라고 해도 인체에 해로우므로 조심해야 해요.

# 성운이 무엇일까?

우주 공간의 커다란 구름으로, 가스와 먼지로 이루어져 있어요. 성운을 이루는 입자가 빛을 흡수하는지 반사하는지에 따라 어둡기도, 밝기도 하지요. 몇몇 성운은 빛을 내는 수소와 헬륨 때문에 밝아요. 과학자들은 성운이 점점 많이 모이면 그 속에서 별이 탄생한다고 말해요.

# 고리를 두른 행성은 토성밖에 없을까?

토성뿐만 아니라 목성, 천왕성, 해왕성에도 고리가 있어요. 고리가 있는 행성은 모두 중력이 강하지요. 고리는 수많은 먼지, 돌덩이, 얼음, 언 가스가 모여서 이루어져요. 그래서 중력이 강한 행성은 이것들을 끌어당겨 계속 붙잡고 있지요.

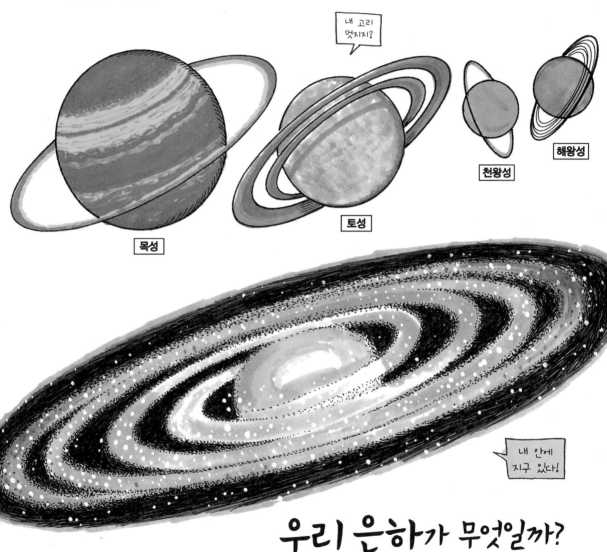

내 고리 멋지지?

**해왕성**

**천왕성**

**토성**

**목성**

내 안에 지구 있다!

# 우리 은하가 무엇일까?

지구와 태양계가 포함된 은하를 '우리 은하'라고 해요. 우리 은하는 10만 광년 거리에 뻗어 있는 평평한 나선형 은하예요. 지구는 은하의 중심에서 3만 광년 정도 떨어진 곳에 있어요. 밤하늘에 '은하수'라고 부르는 빛의 띠가 보이는데, 그것이 우리 은하의 가장자리예요.

# 핼리 혜성은 언제 다시 올까?

2061년에 지구를 다시 찾아와요. 영국의 천문학자 에드먼드 핼리가 처음으로 혜성 궤도와 혜성 궤도 주기를 계산했어요. 그의 이름을 딴 핼리 혜성은 76년에 한 번씩 태양과 지구에 가까워져요. 마지막으로 나타난 게 1986년이었어요.

# 바다에는 왜 조류가 있을까?

지구가 돌면서 달의 중력이 지구의 물을 끌어당기고, 지구의 양 끝을 솟아오르게 해요. 솟아오른 부분이 가까이 있으면 해수면이 높아지는 만조, 물이 다른 쪽으로 빠져나가 해수면이 낮아지면 간조라고 해요. 만조와 간조는 하루에 각각 두 번씩 있답니다. 음력 보름과 그믐 무렵 만조가 가장 높을 때를 '한사리'라고 하는데 그때는 해와 달이 일직선으로 놓여 같은 방향으로 끌어당겨요.

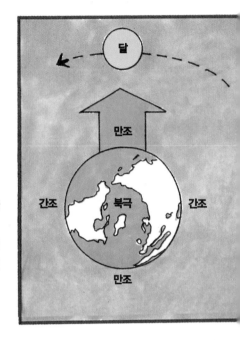

# 월식과 일식이 무엇일까?

월식은 지구가 달과 태양 사이에서 움직이면서 지구의 그림자로 달을 덮어서 달이 없는 것처럼 보이는 현상이에요. 일식이 일어나면 달이 지구와 태양 사이를 통과하면서 태양을 가리고, 달의 그림자가 지구를 덮어서 낮 동안에도 깜깜해요. 그림자 안에 있는 사람에겐 태양이 사라진 것처럼 보이지요.

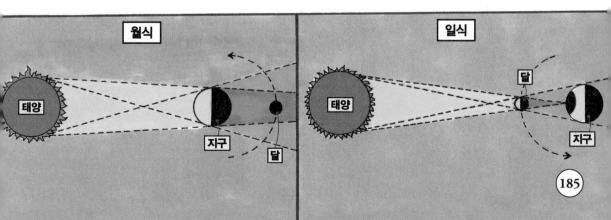

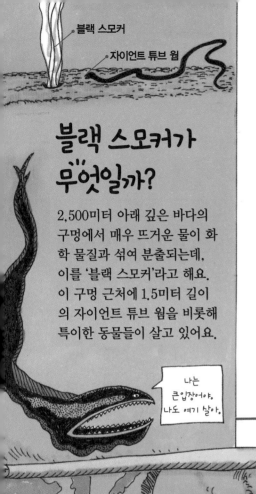

블랙 스모커

자이언트 튜브 웜

# 블랙 스모커가 무엇일까?

2,500미터 아래 깊은 바다의 구멍에서 매우 뜨거운 물이 화학 물질과 섞여 분출되는데, 이를 '블랙 스모커'라고 해요. 이 구멍 근처에 1.5미터 길이의 자이언트 튜브 웜을 비롯해 특이한 동물들이 살고 있어요.

나는 큰입장어야. 나도 여기 살아.

# 물고기의 몸은 왜 미끌미끌할까?

물고기 몸은 끈적끈적한 점액 때문에 기생충이 붙어 있기 어려워요. 또 해로운 박테리아, 곰팡이, 조류도 막을 수 있고요. 물고기는 계속 새로운 점액을 만들고 더러운 게 많이 묻은 헌 점액을 쏟아 버려요.

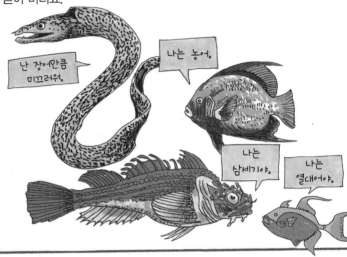

난 장어만큼 미끄러워.

나는 농어.

나는 쏨뱅기야.

나는 열대어야.

# 바다는 얼마나 깊을까?

아시아

북 태평양

괌

마리아나 해구

적도

파푸아 뉴기니

티모아 해

그레이트배리어리프

남 태평양

오스트레일리아

바다 밑의 땅은 그 깊이에 따라 대륙붕, 대륙사면, 대양저, 해구, 해연으로 나누어요. 이들 중에서 가장 깊은 곳은 작은 골짜기처럼 생긴 해구 안의 해연이랍니다. 전 세계의 바다 가운데 가장 깊은 곳은 태평양에 있는 마리아나 해구예요. 마리아나 해구는 그 깊이가 1만 1,034미터나 된대요. 마리아나 해구에서도 가장 깊은 곳은 비티아즈 해연이에요. 이 정도 깊이면 지구에서 가장 높은 에베레스트 산도 통째로 삼킬 수 있답니다.

어서 와.

엄청 깊다!

186

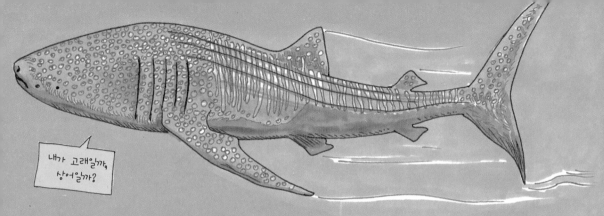

내가 고래일까, 상어일까?

# 제일 큰 물고기는 무엇일까?

세상에서 가장 큰 물고기는 고래상어예요. 다 자라면 몸길이가 18미터 이상이고 무게는 15톤이나 돼요! 하지만 처음부터 거대하지는 않아요. 고래상어의 알은 길이 30센티미터, 두께는 8센티미터 정도로 작답니다.

# 청자고둥은
## 어떻게 먹이를 잡을까?

청자고둥은 껍데기 안에 사는 동물인데, 먹잇감에
독침을 쏴요. 몸집이 큰 청자고둥의 독은 사람도
죽일 정도로 강력하대요.

청자고둥이 껍질 밖으로
독침을 내민 모습

# 낚싯대를 사용하는 물고기가 있을까?

아귀는 깊은 바다에서 낚싯대로 먹잇감을
잡지요. 이마에 가느다란 막대가 있는데
그 끝에 빛나는 돌기가 달려 있어요. 아귀
는 가만히 앉아 미끼를
흔들기만 하다가 물
고기가 다가오면 바
로 꿀꺽 삼키지요. 어떤 아귀
는 먹기 편하도록 미끼를 입 가까
이에서 흔들기도 한대요!

한 마리도
놓치지
않을 거야!

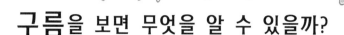

# 구름을 보면 무엇을 알 수 있을까?

우리는 책을 읽는 것처럼 구름을 읽을 수 있어요. 구름의 모양과 크기는 각각 다양한 실마리가 되지요. 예를 들어 '적운'이라고 부르는 높고 하얀 뭉게구름은 대개 날씨가 좋은 날에 보여요. 낮게 떠 있는 검고 묵직해 보이는 고층운, 난층운은 긴 비 또는 눈이 올 거라고 이야기해 주지요. 날씨를 더 잘 알고 싶다면 이제부터 구름을 눈여겨보세요!

## 비가 가장 많이 오는 곳은?

인도의 모신람이란 곳은 연간 강수량이 무려 11,873밀리미터예요. 콜롬비아의 투투넨도는 연간 강수량이 11,700밀리미터랍니다. 인도 체라푼지는 한 해에 비가 26,400밀리미터나 온 적도 있어요. 무려 8층 건물 높이예요!

그만 와!

## 빗방울은 실제로 물방울 모양으로 생겼을까?

세상에!

그림에서는 늘 그렇게 그려 지지만 사실은 전혀 달라요. 빗방울은 가운데 구멍이 뚫리지 않은 도넛이나 베이글처럼 생겼어요. 물의 표면 장력 때문에 이런 모양이 되지요.

내가 진짜 빗방울이야.

# 우박이 무엇일까?

작은 물방울이 차가운 먹구름으로 빠르게 빨려 올라가 얼어붙은 다음 습기를 얻으려 다시 내려오는 현상이에요. 강한 바람이 불면 먹구름 안에서 우박 알갱이가 오르락내리락하지요.

나는 피했지롱!

와우! 멋진데?

아얏!

# 우박은 얼마나 클까?

이게 우박?!

대부분 지름 1센티미터 정도지만 큰 건 야구공만 하거나 더 크기도 해요. 기록된 것 중 가장 큰 우박 알갱이는 1986년 방글라데시에서 떨어진 것으로, 무게가 1킬로그램이나 나갔어요!

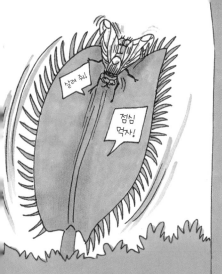

## 고기를 먹는 식물이 있을까?

있긴 하지만 사람이 아니라 곤충을 잡아먹지요. 파리지옥 등 몇 가지 식충 식물은 덫처럼 입을 벌리고 있다가 벌레가 들어오면 입을 다물어서 가둬요. 끈끈한 물질로 잡기도 하고, 비탈에 미끄러뜨려 익사시키는 식물도 있어요.

## 고래는 무엇을 먹고 살까?

대부분의 고래는 다양한 먹이를 먹어요. 향유고래는 주로 대왕오징어를 먹지만 물고기와 문어, 가오리의 친척인 홍어도 잡아먹어요. 범고래는 물개, 펭귄, 그리고 다른 고래까지 먹어요. 대왕고래는 크릴새우라는 작은 동물을 먹어요. 배를 채우려면 하루에 크릴새우 4톤은 먹어야 해요.

## 뱀은 자기 머리보다 큰 것을 어떻게 삼킬까?

뱀 턱의 인대는 고무줄처럼 잘 늘어나요. 아래턱은 왼쪽과 오른쪽이 서로 떨어질 수 있는가 하면, 턱 전체를 아래로 늘어뜨려 정말 크게 입을 벌릴 수 있어요.

감히 날 건드렸겠다?

고 녀석 맛있겠어.

엄마야!

# 말벌은 왜 쏠까?

따라오지 마!

벌이 쏘는 것은 "나를 내버려 둬!"라는 뜻이에요. 말벌은 둥지에 침입자가 있거나 누가 얼쩡거리면 침을 쏴요. 어떨 때는 애벌레를 쏘아서 마비시킨 뒤에 애벌레 살 속에 알을 낳지요. 새끼 말벌들이 알에서 나오면 애벌레를 먹도록 말이에요.

# 박쥐는 무엇을 먹을까?

대부분의 박쥐는 날벌레를 먹지만 어떤 종류는 물고기와 거미, 전갈도 먹어요. 개구리, 도마뱀, 새, 다른 박쥐까지 먹는 종도 있어요. 과일을 매우 좋아하는 박쥐가 있는가 하면 꽃가루와 꿀만 먹는 박쥐도 있답니다.

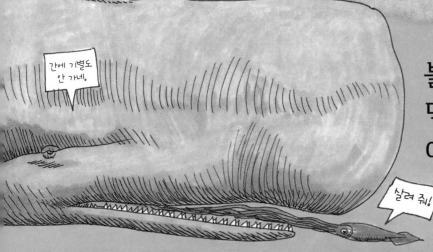

간에 기별도 안 가네.

# 불가사리는 먹이를 찾으면 어떻게 할까?

살려 줘!

그림의 떡이야.

배를 몸 밖으로 내밀어 먹이를 덮쳐요. 먹고 소화한 후에 배를 다시 집어넣지요. 불가사리는 같은 불가사리, 조개, 굴처럼 매우 천천히 움직이거나 거의 움직이지 않는 동물만 먹어요.

# 호저는 자기 몸을 어떻게 보호할까?

호저는 적을 만나면 재빨리 돌아서 가시가 돋은 등을
내밀어요. 가시는 몸에서 빠지기 쉽게 나 있고 끝이
날카로워 살짝만 건드려도 박히지요. 호저의 등에는
평균 2만 5,000~3만 개의 가시가 나 있어요.

# 고슴도치는 태어날 때부터 가시가 있을까?

그런 셈이지요. 다만, 어릴 때는 몸속을 찌르지 않도록
부드러운 물질에 싸여 피부 아래에 숨어 있어요. 조금
자라면 이 물질을 흡수해 조그맣고 하얀 가시가
피부를 뚫고 나오지요.

# 상어는 얼마나 세게 물 수 있을까?

엄지손가락 위에 몸무게가 5톤인 코끼리 네 마리가 올라가 있다고 상상해 보세요. 흑상어는
그 정도로 세게 물 수 있대요. 이빨의 힘만으로도 승용차를 들어 올릴 수 있다고 하니까요.
또 백상아리는 어른 다섯 명과 힘을 겨룰 수 있을 정도로 강한 이빨을 가지고 있다고 해요.

이래도 날 공격할 거야?

# 폭탄먼지벌레를
## 잡으면 어떻게 될까?

폭탄먼지벌레는 공격당하면 몸 안의 특별한 기관에서 화학 물질을 섞어 매우 뜨겁고 악취가 나는 액체를 만들어 내요. 그러고는 적을 향하여 엉덩이로 이 액체를 쏘아 대지요.

튀! 튀!

## 독을 뱉는 뱀이 있을까?

아프리카의 스피팅코브라는 적의 눈을 향해 독을 쏘는데, 멀게는 3미터 떨어진 곳에서도 맞춘다고 해요. 사냥감을 움직이지 못하게 하거나 적을 쫓을 때 사용해요. 만일 독이 사람의 눈에 들어가면 매우 화끈거리고 일시적으로 앞이 안 보일 수도 있어요.

숨막혀!

# 다른 나무를 죽이는
## 나무도 있을까?

다른 나무를 꽉 조여서 죽이기 때문에 '교살목'이라고 불러요. 교살목은 아주 가늘고 많은 뿌리를 늘어뜨리고, 줄기로는 다른 나무를 휘감고 올라가지요. 그물과도 같은 뿌리는 점차 자라면서 감긴 나무의 영양분을 빼앗아요. 시간이 흐르면서 교살목의 뿌리는 점점 더 튼튼해지고, 줄기에 감긴 나무는 숨을 쉴 수 없어 죽게 된답니다.

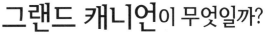

## 그랜드 캐니언이 무엇일까?

미국 애리조나 주 북부에 있는 거대한 협곡으로 경관
이 빼어나 세계적으로 유명하지요. 가장 깊은 지점이 약
2,100미터이고 가장 넓은 지름은 29킬로미터, 길이는
447킬로미터예요. 1919년에 미국의 국립 공원으로 지정
되었고, 1979년 유네스코 세계 유산에 등록되었어요.

## 나이아가라 폭포는 영원히 사라지지 않을까?

지금은 '돌로마이트'라는 단단한 돌이 덜 단단한 바위 위에
있어 나이아가라 강이 쓸어 버리지 못하지만 돌로마이트
가 무너지고 바닥의 약한 돌들이 드러나면 폭포는 서서히
상류로 이동해 수천만 년 후에는 이리호에 흡수되겠지요.

# 다이아몬드는 어떻게 만들어질까?

다이아몬드는 탄소로 이루어져 있어요. 탄소는 연필 속에 들어가는 흑연을 구성하는 원소이기도 해요. 다이아몬드는 지하 120킬로미터에서 킴벌라이트라는 원석이 엄청난 압력을 받아 크리스털로 변한 것이랍니다. 다이아몬드는 자연의 물질 중 가장 단단해요.

프러포즈 거절하겠어요.

날 줘야 성공한다고!

# 흙은 어디에서 생길까?

흙은 썩은 식물과 동물, 지각에서 나온 돌 조각이 섞인 거예요. 이게 공기나 물과 섞이면 박테리아, 곰팡이, 작은 식물의 안식처가 되지요. 흙은 크게 식양토, 미사질 양토, 사질 양토 이렇게 세 가지로 나뉘어요. 지각에 따라 종류가 결정되지만, 기후나 식물, 주위 환경의 영향도 받아요. 흙은 자라나는 식물의 뿌리를 보호하면서 필요한 영양분을 공급해요.

버릇없어!

네가 말해!

# 뱀은 왜 혀를 날름거릴까?

뱀은 혀로 공기와 흙에서 작은 입자를 취해 입천장에 있는 두 개의 액낭에 가져가요. 이 액낭에 있는 신경이 입자의 냄새와 맛에 대한 정보를 뇌에 전달해 주변 환경을 파악하고 먹이를 찾는 데 도움을 주지요.

쑥쑥! 날름날름!

## 사해에도 생물이 살고 있을까?

특이한 박테리아와 풀만 약간 있어요. 사해는 '종착지'라서 물이 들어가긴 하지만 다시 나오는 법은 없어요. 물이 증발하면서 소금만 남아 물이 점점 짜지지요. 사해는 대서양보다 여덟 배 더 짜다고 해요. 미국 유타 주 북부의 소금 호수도 바다보다 3~5배 밖에 짜지 않은데 말이에요.

## 진주는 어떻게 만들어질까?

굴이나 홍합 등의 껍데기에 모래알 같은 이물질이 들어가면 껍데기 안에 사는 말랑말랑한 몸이 고통을 느끼기 때문에 자기 몸을 보호하기 위해 분비물을 내보내요. 이 분비물이 이물질을 둘러싸게 되지요. 이것을 진주층이라고 해요. 진주층이 계속 쌓이면 아름다운 보석인 진주가 만들어진답니다.

## 산호초는 어떻게 만들어질까?

산호는 바깥에 딱딱한 껍질을 만드는 작은 동물이에요. 산호가 죽으면 껍질이 남아요. 그런 뒤 다른 산호가 그 위에 살고, 또 그 위에 다른 산호가 살지요. 수천 년이 지나면 따뜻하고 얕은 바다에 이 작은 껍데기가 쌓이고 쌓여 산호초를 이뤄요.

음!

이런, 모래가 들어왔네

# 물고기는 물속에서 어떻게 숨을 쉴까?

물고기의 입으로 들어간 물이 아가미로 가면 아가미 속의 피가 물속의 산소를 흡수해요. 동시에 필요 없는 이산화탄소는 밖으로 내뿜지요.

앗, 위험해!

# 가시복은 어떤 무기가 있을까?

가시복은 적을 만나면 물이나 공기를 삼켜 몸을 둥글게 부풀리고, 평소에는 누워 있던 가시를 곤추세워요. 그렇게 하면 크고 따가워 함부로 삼킬 수 없게 되니까요.

변신 완료!

나는 못 날아.

나는 헤엄 못 쳐.

# 돌고래와 박쥐의 공통점은?

같은 방법으로 먹이를 찾아요. 높고 날카로운 음을 내면 음파가 물체에 튕겨서 돌아오는데, 그 소리로 눈에는 보이지 않는 것들의 방향과 거리를 알 수 있어요. 관박쥐는 이 방법으로 날아다니는 나방을 잡고, 돌고래는 물고기 떼 중에서 한 마리만 골라내요. 돌고래와 몇몇 박쥐는 길도 이렇게 찾아요.

# 사막은 다 덥고 모래투성이일까?

사막은 1년에 비가 254밀리미터 이하로 오는 곳이에요. 전체 육지 중에 10퍼센트를 차지하고 있지요. 사막은 덥고 모래로 이루어져 있어요. 하지만 자갈이 많은 사막도 있고, 남극처럼 매우 추운 사막도 있답니다. 여러 사막 중 자갈이 많은 사막이 모래로 이루어진 사막보다 넓은 면적을 이루고 있다고 해요.

그레이트 배리어리프가 무엇일까?

아라푸라 해
티모르 해
산호해
그레이트배리어리프
남태평양
오스트레일리아
인도양
테즈메이니아 섬
산호 보러 오세요!

오스트레일리아 북동쪽 바닷가에 있는 '그레이트배리어리프'는 세계 최대의 산호초 지대로, 길이가 약 2,000킬로미터, 면적은 20만 7,000제곱킬로미터나 돼요.

# 흰개미의 집은 왜 특별할까?

흰개미는 집의 꼭대기에 구멍이 많이 뚫린 굴뚝을 만들어 더운 공기가 빠지도록 해 놓았어요. 거기로 이산화탄소와 열기가 밖으로 나가고 산소는 안으로 들어와요. 그 때문에 집 안으로 시원하고 신선한 공기가 들어올 수 있어요.

이렇게 하면 좋겠군.

닿으면 터지겠어!

## 선인장은 왜 잎이 없을까?

대부분의 식물은 잎에서 영양분을 만들어요. 하지만 잎은 표면적이 넓어 수분이 많이 증발하지요. 건조한 지역에 사는 선인장은 잎에서 물이 증발하는 것을 막기 위해 잎이 가시로 되어 있어요. 선인장은 잎 대신 줄기로 영양분을 만들어요. 선인장의 줄기는 물통과 같은 역할을 해서 커다란 선인장은 물을 몇 톤이나 저장할 수 있다고 해요. 그래서 물이 부족한 사막에서도 선인장이 살아갈 수 있는 것이랍니다.

내 물통 멋있지?

## 귀뚜라미는 어떻게 노래할까?

날개를 비벼서 소리를 내요. 한쪽 날개에는 돌기가 빗살처럼 일렬로 나 있어요. 다른 쪽 날개는 가장자리에 질긴 조직이 있어요. 이 단단한 가장자리로 돌기를 두드리면 소리가 나고, 이 소리는 날개의 다른 부분에 의해 더 커져요.

199

# 기온이 낮은 곳에서는 어떤 온도계를 사용할까?

수은의 어는점인 영하 38.8도보다 낮은 곳에서는 수은 온도계로 온도를 잴 수가 없어요. 따라서 영하 38.8도보다 추운 곳에서는 알코올이 들어 있거나 전자의 움직임을 측정하는 온도계를 사용하지요. 알코올 온도계의 어는점은 영하 117도로, 수은보다 훨씬 낮아요. 하지만 정확성은 좀 떨어진답니다.

# 기온은 얼마나 빨리 변할까?

1943년 1월 22일에 미국의 사우스다코타 주 스피어피시 마을에 있던 사람에게 물어보세요. 그날 오전 7시 30분에 영하 20도였던 기온이 단 2분 만에 영상 7도로 무려 27도나 치솟았어요. 그러고는 갑자기 27분 만에 기온은 다시 영하 20도로 내려갔지요. 이런 급격한 기온 변화는 산을 넘어 부는 푄 바람 때문이었다고 해요.

# 높은 산의 꼭대기는
# 왜 눈으로 덮여 있을까?

이런 날씨 좋더라.

위로 올라갈수록 기온이 낮아지기 때문이에요. 100미터에 약 0.6도씩 기온이 내려간다고 해요. 평지가 아무리 따뜻하다고 해도 산이 높으면 기온은 무척 낮은 것이지요. 아프리카의 킬리만자로 산은 더운 열대 지방에 있지만 산꼭대기는 1년 내내 눈에 덮여 있어요. 산의 높이가 5,895미터나 되기 때문에 기온이 아무리 높아도 산꼭대기의 기온은 이보다 35도나 낮으므로 영하의 상태가 늘 유지되기 때문이지요.

# 기상청에서
# 무슨 일을 할까?

한때 구름에서 비로 바꿔요.

오, 그렇네요!

기상청에서는 날씨를 관측하고 기온, 기압, 바람, 습도, 강수량 등과 전 세계에서 들어온 기상 정보를 모두 종합해 일기도를 만들어요. 이 일기도를 보고 신문사나 라디오, TV 등에서 날씨를 알려 주는 것이지요. 우리나라는 1898년 러시아 정부에서 인천 월미도에 기상 관측소를 설치한 것이 최초예요. 이후 1904년 대한제국 정부에서 다섯 곳에 관측소를 설치했어요.

## 나그네비둘기는
### 어떻게 되었을까?

약 200년 전까지만 해도 북아메리카에는 30억~50억 마리의 나그네비둘기가 살고 있었어요. 하지만 사람들이 너무 많이 잡아 멸종되고 말았어요. '마사'라는 이름의 마지막 나그네비둘기가 1914년에 죽었지요. 사람이 생물 중 한 종이 멸종하는 순간을 직접 본 유일한 순간이에요.

날 다시는 볼 수 없어.

## '멸종 위기종 보호법'이
### 무엇일까?

미국에서 1973년부터 멸종 위기에 처한 생물을 위협하는 모든 행위가 불법이 되었어요. 사람에게 위협받는 동식물을 보호하기 위해서예요. 우리나라에서도 환경부에서 멸종 위기 동식물을 지정해 보호하고 있어요.

흰산양을 보호해 줘서 고마워.

## 멸종 위기에 처한 동물이
### 왜 이렇게 많을까?

나는 북극여우.

나는 큰도마뱀.

멸종은 자연적으로 일어나는 현상이지만 몇몇 동물의 멸종은 사람에게 책임이 있어요. 사람들은 도시와 길과 자동차, 발전소처럼 생활에 필요한 것을 많이 지었어요. 이 때문에 환경이 오염되고 동물이 살 곳은 좁아졌어요. 야생 동물은 밀렵 때문에 숫자가 줄어들었고요. 사람들이 나쁜 습관을 바꾸려고 노력하면 멸종 위기의 동물을 구할 수 있어요.

나는 재규어야.

# 먹이 사슬이 무엇일까?

포식자가 다른 포식자에게 먹히는 것이에요. 먹이 사슬은 보통 먹이를 스스로 만드는 식물에서 시작돼요. 동물이 그 식물을 먹고 다른 동물에게 먹히고, 또 그 동물이 다른 동물에게 먹히고…… 계속 이런 식이지요. 이 먹이 사슬이 끊어지면 많은 생물에게 피해가 와요. 만일 플랑크톤의 수가 줄어들면, 플랑크톤을 먹는 작은 물고기의 수도 줄어들 거예요. 많은 먹이 사슬은 커다란 먹이 그물의 일부예요. 동물은 대부분 한 가지 이상의 먹이를 먹기 때문에 먹이 사슬끼리 서로 얽힐 수밖에 없답니다.

# 오존층을 파괴하는 것은 무엇일까?

오존층을 파괴하는 가장 큰 주범은 공업용 프레온 가스예요. 프레온 가스가 지구의 대기층에 들어가면 산화 염소와 기타 화학 물질로 나뉘면서 오존층을 파괴해요. 오존층은 생명체에게 해로운 태양의 자외선으로부터 지구를 보호하는 매우 중요한 역할을 하고 있어요. 그래서 오존층을 보호하기 위해 많은 회사가 분무기나 냉매제로 덜 해로운 화학 물질을 쓰고 있어요.

# 세계 최초의 국립 공원은?

미국의 옐로스톤 국립 공원이에요. 몬태나 주, 와이오밍 주, 아이다호 주에 걸친 지역이지요. 1872년 테어도어 루스벨트 대통령과 미 의회에서 이 지역을 국립 공원으로 지정하고 '옐로스톤 국립 공원'이라는 이름을 붙였어요. 우리나라는 1967년에 지리산 국립 공원이 최초의 국립 공원으로 지정되었어요.

# 농약은 왜 새에게 나쁠까?

새가 농약에 노출된 동물을 먹으면 화학 물질이 새의 몸속에 쌓여요. 이 때문에 새가 낳는 알의 껍질이 매우 약해져 부화할 때까지 새끼를 보호해 줄 수가 없어요. 화학 물질이 몸에 너무 많이 쌓이면 중독되어서 죽기도 해요. 농약 때문에 미국 동부에서는 송골매와 흰머리 독수리가 거의 사라졌어요.

난 농약이 제일 싫어!

농약이 없으니 참새가 곧 오겠어.

여긴 천국이야!

# 유기농 재배가 무엇일까?

'유기농'은 농약이나 인공적인 비료 없이 천연의 음식과 비료를 쓴다는 뜻이에요. 유기 비료로는 짚, 잡초, 낙엽 등이 썩은 것으로 만든 퇴비나 생선 가루를 써요. 살충제 대신 무당벌레를 이용해서 해충을 잡고요. 유기농 재배는 환경을 해치지 않으면서 식물을 기르는 좋은 방법이에요.

# 공기 오염이 무엇일까?

독성 물질 때문에 공기가 더러워진 것을 뜻해요. 자동차 엔진에서 화석 연료를 태울 때 나오는 공해 물질이나 공장, 발전소에서 뿜어져 나오는 매연이 공기를 오염시켜요. 또 오염된 물질이 구름 속의 물 입자와 섞이고 비가 되어 내리면 수질 오염으로도 이어지지요.

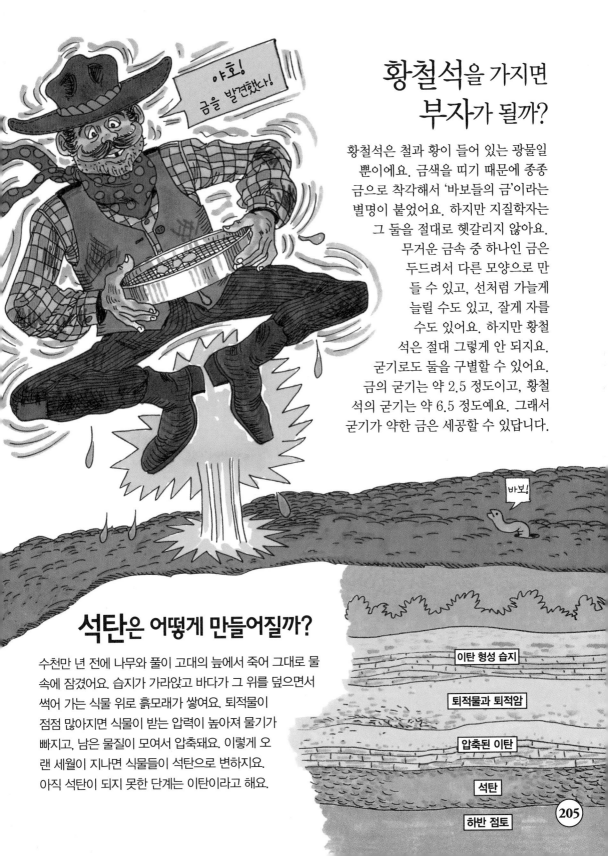

# 황철석을 가지면 부자가 될까?

황철석은 철과 황이 들어 있는 광물일 뿐이에요. 금색을 띠기 때문에 종종 금으로 착각해서 '바보들의 금'이라는 별명이 붙었어요. 하지만 지질학자는 그 둘을 절대로 헷갈리지 않아요. 무거운 금속 중 하나인 금은 두드려서 다른 모양으로 만들 수 있고, 선처럼 가늘게 늘릴 수도 있고, 잘게 자를 수도 있어요. 하지만 황철석은 절대 그렇게 안 되지요. 굳기로도 둘을 구별할 수 있어요. 금의 굳기는 약 2.5 정도이고, 황철석의 굳기는 약 6.5 정도예요. 그래서 굳기가 약한 금은 세공할 수 있답니다.

야호! 금을 발견했다!

바보!

# 석탄은 어떻게 만들어질까?

수천만 년 전에 나무와 풀이 고대의 늪에서 죽어 그대로 물속에 잠겼어요. 습지가 가라앉고 바다가 그 위를 덮으면서 썩어 가는 식물 위로 흙모래가 쌓여요. 퇴적물이 점점 많아지면 식물이 받는 압력이 높아져 물기가 빠지고, 남은 물질이 모여서 압축돼요. 이렇게 오랜 세월이 지나면 식물들이 석탄으로 변하지요. 아직 석탄이 되지 못한 단계는 이탄이라고 해요.

이탄 형성 습지

퇴적물과 퇴적암

압축된 이탄

석탄

하반 점토

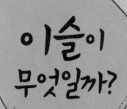

# 이슬이 무엇일까?

서늘하고 맑은 밤에 땅 겉면의 온도가 떨어지면 따뜻한 공기가 차가워지면서 그 안에 있는 수분이 뭉쳐요. 이 수분이 물방울이 되어 차가운 겉면에 모이는 것을 이슬이라고 해요.

물 마시기 정말 힘들어!

## 나미브 사막 거저리는 왜 물구나무를 설까?

딱정벌레와 비슷한 나미브 사막 거저리는 건조한 사막에 살아요. 가만히 있으면 바람 속에 포함된 물기가 물방울이 되어 껍질에 맺히지요. 이 물방울을 입속으로 굴러떨어지게 하려고 거꾸로 서 있는 거예요.

정말 춥다! 하!

## 추운 날에는 왜 입김이 나올까?

우리 몸 안에 있던 공기는 따뜻해요. 하지만 추운 날 공기는 차갑지요. 숨을 쉬면 우리 몸에서 밖으로 나오는 따뜻한 공기와 밖에 있던 차가운 공기가 만나게 돼요. 두 공기는 서로 부딪치면서 작은 물방울을 만들어 내요. 작은 물방울들이 모여 하얀 입김이 되는 거랍니다.

작은 구름이 만들어졌어!

# 세상에서 가장 건조한 곳은?

칠레 북부의 아타카마 사막이에요. 100년에 몇 번 소나기가 내리는 것 빼고는 전혀 비가 오지 않아요. 워낙 비가 적게 와서 연평균 강수량이 겨우 0.07밀리미터예요. 너무 건조해서 아무것도 자라지 않는 불모지이고, 소금의 퇴적층으로 덮인 지역이 많아요. 또 다른 건조 지역은 남극 근처예요. 습기가 조금만 있어도 꽁꽁 얼어 버릴 테니까요.

저쪽 동네는 가 본 적이 없어요.

남대서양

여행자는 각자 먹을 물을 가져오시오.

아타카마 사막

칠레

남태평양

# 구멍이 뽕뽕 뚫린 스펀지가 어떻게 물을 머금고 있을까?

사람들이 처음으로 쓴 스펀지는 구멍이 많은 천연 해면의 몸체였어요. 스펀지의 구멍이 많을수록 흡수력 강한 표면이 더 많이 드러나는 것이므로 구멍이 없는 것보다 훨씬 물을 잘 빨아들이지요.

**천연 스펀지 세 종류**

1. 보라예쁜이해면
2. 유황
3. 양털

1  2  3

# 산불은 왜 날까?

벼락이 산에 떨어져서 산불이 나는
경우가 있어요. 벼락이 떨어질 때의 열기가
건조한 나무와 만나면 번쩍 불이 붙을 수 있어요.
하지만 산불 대부분은 사람의 부주의로 일어난답니다.
담뱃불이나 향 같은 작은 불씨가 순식간에 나무로 옮아
큰 산불로 번질 수 있어요. 특히 건조한 3~5월, 11월은
산불이 나기 쉬우니 조심해야 해요.

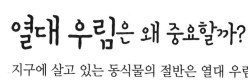

나는 베면
안 돼!

나도!

# 열대 우림은 왜 중요할까?

지구에 살고 있는 동식물의 절반은 열대 우림 지대에 살기 때문이에요.
열대 우림 지대에는 약효가 뛰어난 풀이 많아요. 또한 열대 우림은 오
염된 공기를 깨끗이 하는 역할도 하지요. 하지만 사람들이 나무를 너무
많이 베어 버려서, 오늘날 숲은 지구 전체의 2퍼센트를 덮고 있어요.
예전에는 그 두 배였는데 말이에요. 중앙과 남부아메리카, 서부와 중앙
아프리카와 동남아시아 지역에 열대 우림 지대가 있어요.

# 물고기 비늘과 나이테의
# 공통점은?

둘 다 겨울보다 봄, 여름에 잘 자라요. 이런 특성
때문에 나이를 계산할 수 있어요. 식량이
부족하면 물고기의 비늘에 있는 무늬의
간격이 촘촘해지고, 풍족할 때는 간격이
넓어져요. 과학자들은 이것을 이용해 홍수,
가뭄, 질병 등의 주기를 계산하지요.

내가
몇 살이게?

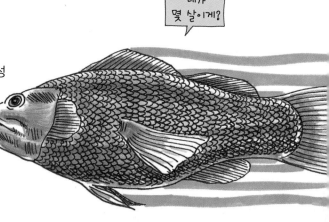

해치지 않아요!

## 태즈메이니아 데블이 무엇일까?

호주 태즈메이니아 섬에 사는 동물로, 온몸이 어두운 색 털로 덮여 있어요. 캥거루처럼 몸에 새끼를 보호하는 주머니가 있어서 '주머니곰' 이라고도 해요. 직접 사냥하지 않고 죽은 동물의 시체를 먹는 습성 때문에 '데블(악마)'이란 별명이 붙었대요.

## 조니 애플시드가 누구일까?

오늘은 어디에 사과를 심을까?

진짜 이름은 존 채프먼(1774~1845)으로, 미국의 많은 지역에 사과 씨와 사과 묘목을 심은 사람이지요. 그는 항상 머리카락과 수염을 길게 기르고 맨발에 낡은 바지를 입고 다녔대요. 또 언제나 친절하고 활발한 성격으로 리더십이 강했다고 해요. 많은 사람이 사과를 퍼뜨리기 위해 열심히 노력하는 그의 모습을 좋아했답니다.

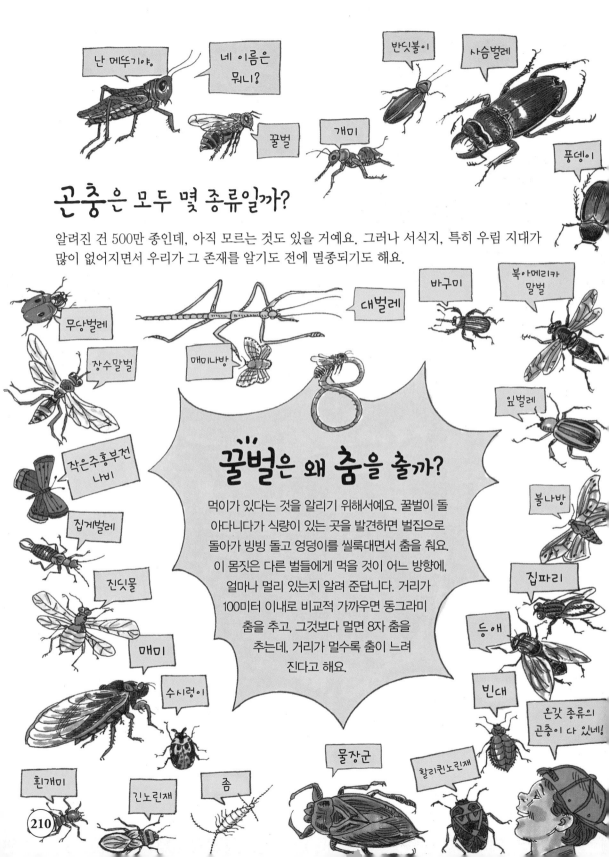

# 곤충은 모두 몇 종류일까?

알려진 건 500만 종인데, 아직 모르는 것도 있을 거예요. 그러나 서식지, 특히 우림 지대가 많이 없어지면서 우리가 그 존재를 알기도 전에 멸종되기도 해요.

## 꿀벌은 왜 춤을 출까?

먹이가 있다는 것을 알리기 위해서예요. 꿀벌이 돌아다니다가 식량이 있는 곳을 발견하면 벌집으로 돌아가 빙빙 돌고 엉덩이를 씰룩대면서 춤을 춰요. 이 몸짓은 다른 벌들에게 먹을 것이 어느 방향에, 얼마나 멀리 있는지 알려 줍니다. 거리가 100미터 이내로 비교적 가까우면 동그라미 춤을 추고, 그것보다 멀면 8자 춤을 추는데, 거리가 멀수록 춤이 느려진다고 해요.

내겐 소중한 음식이야.

빨리 어른이 되고 싶어!

## 동물의 배설물을
### 먹는 곤충도 있을까?

쇠똥구리는 세계 어디든 동물의 배설물이 있는 곳이면 살 수 있어요. 종류가 몇 천 가지도 넘는데, 그중엔 똥을 굴려서 커다란 공으로 만들어 그 안에 알을 낳는 종류도 있어요. 지저분해 보이긴 하지만 쇠똥구리는 굉장히 중요한 곤충이에요. 지구를 깨끗하게 만들어 주니까요!

# 어린 잠자리는
## 어디에 살까?

잠자리 애벌레는 아가미가 있어 물속에서 숨 쉴 수 있어요. 잠자리 애벌레는 무서운 사냥꾼으로 작은 개구리나 물고기도 잡아먹지요. 물속에서 여러 번 허물을 벗고 물 밖으로 나와 마지막으로 한 번 더 벗으면 어른 잠자리가 된답니다.

입이 뭐예요?

## 어떤 곤충은 왜
### 입이 없을까?

입이 필요 없으니까요! 수컷 나방은 짝짓기를 한 번 할 시간만큼 살아요. 번식하는 게 다른 무엇보다 중요해서 뭔가를 먹을 시간이 없지요. 따라서 입도 없어요.

## 거미줄과 강철 중
### 어느 것이 더 튼튼할까?

놀랍게도 거미줄이에요! 거미줄은 같은 굵기의 강철보다 다섯 배나 더 강하고 나일론만큼 질기지요. 아마 철선을 부러뜨리는 것보다 거미줄을 끊는 게 더 힘들 거예요. 또 거미는 용도에 따라 탄력성과 점성이 다른 다양한 거미줄을 만들어 낼 수 있대요!

거미줄이 최고야!

## 눈이 가장 많이 내린 날은 언제일까?

1921년 미국 콜로라도 주 실버 호수에 하루 동안 눈이 무려 193센티미터나 쌓였어요. 심지어 겨울도 아닌 4월 중순이었는데 말이에요! 우리나라의 경우 1955년 1월 20일에 울릉도에서 150센티미터의 눈이 내렸어요. 울릉도는 우리나라에서 눈이 가장 많이 내리는 곳으로, 한 해 평균 50일 정도 내린답니다.

그건 몰랐네.

와! 세상이 눈천지야!

## 북극여우는 어떻게 추위를 견딜까?

북극여우는 여름에는 짙은 회갈색을 띠지만 겨울에는 흰색으로 변하는 신기한 털을 가지고 있어요. 북극여우의 털은 북극에서 살기 적합하도록 매우 따뜻해서 보온이 잘돼요. 짧은 다리와 털이 많은 발, 작고 둥근 귀도 몸에서 열이 빠져나가는 것을 막아 주지요. 그래서 영하 40도까지는 별다른 노력을 하지 않아도 체온을 유지할 수 있다고 해요.

## 눈 위를 걸으면 왜 뽀드득거리는 소리가 날까?

기온이 영하 6도 이하로 내려가면 부드럽고 젖은 눈송이가 단단하고 거친 얼음 결정으로 바뀌어요. 눈을 밟을 때 들리는 뽀드득거리는 소리는 눈송이에서 변해 버린 수천 개의 얼음 결정이 서로 부딪치면서 나는 소리예요. 눈을 밟았을 때 소리가 나는 것은 날씨가 추워 눈이 얼었다는 뜻이에요.

# 눈사태가 무엇일까?

엄청난 눈이 급경사를 따라 쏟아져 내려
오는 거예요. 눈사태는 기온이 변하거나
내리는 눈의 무게가 달라질 때 일어날 수
있지만, 자동차 문을 쾅 닫거나 스키를 타
고 지나가는 것처럼 작은 변화도 눈사태
의 원인이 될 수 있대요. 눈사태가 일어나
면 굉장히 빠른 속도로 눈이 쏟아지면서
길에 있는 건 무엇이든 다 쓸어버려요.

# 북극이 더 추울까?
# 남극이 더 추울까?

북극의 가장 북쪽 지점에는 북극점이, 남극의
가장 남쪽 지점에는 남극점이 있어요. 이 두 곳이
북극과 남극에서 가장 춥지요. 남극점은 산 위에
있고, 북극점은 북극해 위에 떠다니는 빙원에 있
어요. 남극점이 더 높은 곳에 있어서 더 추워요.

# 핑고가
# 무엇일까?

핑고는 에스키모 어로 '작은
언덕'이라는 뜻이에요. 북극
과 알래스카 내륙에서 볼 수
있는 흙으로 덮인 얼음 언덕
이지요. 핑고 안에는 순수한
얼음이 들어 있어요. 대체로
원통 모양이고 지름은 2센티
미터의 작은 것부터 50미터
의 거대한 것까지 다양해요.

와! 엄청
높은데.

# 사이클론이
## 무엇일까?

태풍은 대서양이나 멕시코 연안에서 나
타나면 허리케인, 북태평양의 남서부에
서 아시아 동부를 향해 불어닥치면 타
이푼(태풍)으로 이름이 달라져요. 사이
클론은 인도양과 오스트레일리아 부근
의 남태평양에서 발생하는 태풍이에요.
태풍의 눈을 중심으로 빙빙 돌며 위로
올라가는 열대성 폭풍이며, 시속 120킬
로미터 이상으로 강하게 불어닥치지요.
열대성 사이클론은 지름이 1,000킬로
미터 가까이 되고 수백 개의 천둥, 번
개를 동반해요. 1년에 보통 5~7번 정
도 나타나고, 태풍보다 규모가
훨씬 작은 편이지만 홍수
피해를 가져오는 무서운
바람이에요.

## 누가 태풍에 이름을
## 붙이기 시작했을까?

으악, 날아간다!

아시아 지역에서는 1999년까
지 태풍의 이름을 '9906'과 같이 번호로
불렀어요. 태풍이 발생한 연도와 발생한 순서를
조합해 만든 번호지요. 2000년부터는 태풍의 영향을 받는
아시아 14개 국가에서 각각 10개씩 제출한 태풍 이름을 순서대로
붙이기 시작했어요. 140개의 태풍 이름을 모두 사용하고 나면 처
음 1번부터 다시 사용해요. 우리나라가 지은 태풍 이름은
개미, 나리, 장미, 수달, 노루, 제비, 너구리,
고니, 메기, 나비예요.

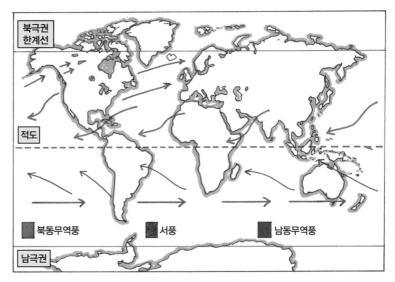

북극권
한계선

적도

■ 북동무역풍　　■ 서풍　　■ 남동무역풍

남극권

차가운 공기

따뜻한 공기

차가운 공기

섞어, 섞어!

# 바람은 왜 불까?

모든 공기의 온도가 똑같지 않기 때문이에요. 따뜻한 공기는 찬 공기보다 가벼워요. 따뜻한 공기가 올라가면서 차가운 공기가 대신 그 자리에 들어가지요. 그러면서 바람이 생겨요. 바람은 뜨겁고 차가운 공기를 똑같이 섞으려는 자연의 움직임이지요.

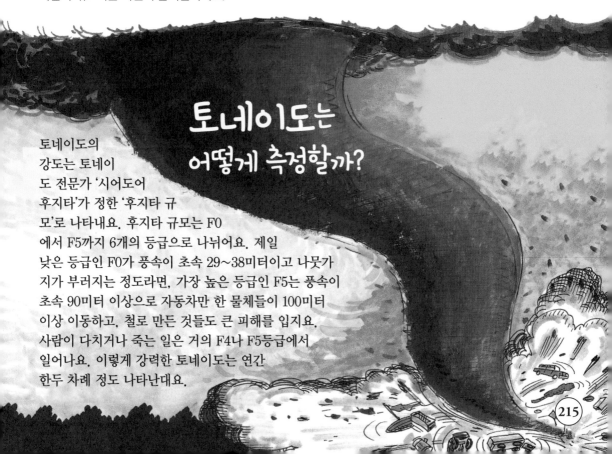

# 토네이도는 어떻게 측정할까?

토네이도의 강도는 토네이도 전문가 '시어도어 후지타'가 정한 '후지타 규모'로 나타내요. 후지타 규모는 F0에서 F5까지 6개의 등급으로 나뉘어요. 제일 낮은 등급인 F0가 풍속이 초속 29~38미터이고 나뭇가지가 부러지는 정도라면, 가장 높은 등급인 F5는 풍속이 초속 90미터 이상으로 자동차만 한 물체들이 100미터 이상 이동하고, 철로 만든 것들도 큰 피해를 입지요. 사람이 다치거나 죽는 일은 거의 F4나 F5등급에서 일어나요. 이렇게 강력한 토네이도는 연간 한두 차례 정도 나타난대요.

# 홍학은 왜 분홍색일까?

홍학이 먹는 작은 물고기, 곤충, 조류에 있는 색소
때문에 홍학이 붉은색을 띠는 거예요. 당근이나 토마토의 색을 내는
색소와 비슷한 것이지요. 동물원에 홍학을 데려다 놓고 알맞은 먹이를
주지 않으면 하얀색으로 변할지도 몰라요.

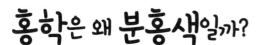

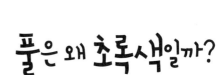

# 풀은 왜 초록색일까?

잎에 '엽록소'라는 밝은 녹색 물질
이 있기 때문이에요. 풀과 나무, 그
밖에 잎이 있는 식물들은 엽록소로
광합성을 해서 햇빛을 에너지로 바
꿔요. 식물은 자라는 데 필요한 영
양분을 그런 식으로 만든답니다.

# 동물의 눈은 왜 밤에 빛날까?

고양이나 늑대, 올빼미처럼 밤에 활동하는 동물은 눈동자 뒤쪽에 빛나는 층이 있어 형상이 만들
어지는 부분에서 빛을 반사해요. 이것 때문에 어두운 곳에서도 볼 수 있어요. 어둠 속에서 눈이
빛나 보이는 건 빛이 그 층에 반사되기 때문이고요.

잽싸게 낚아채자!

## 카멜레온은 어떻게 먹이를 잡을까?

카멜레온의 혀는 몸과 꼬리를 합친 것만큼 길고, 맨 끝에는 끈끈이 같은 게 있어요. 먹잇감이 어느 정도 거리 안에 들어오면 혀를 쑥 빼서 끈끈이로 잡고 입으로 가져가는 데 1초면 끝나요! 진정한 패스트푸드지요?

내 이름은 북극곰이에요.

흰토끼는 하얘.

북극여우라고 부르세요.

## 독이 있는 동물은 왜 색이 화려할까?

화려한 색깔은 언제 만날지 모르는 적에게 보내는 "저리 가! 난 위험해!"라는 경고 같은 거예요. 이런 동물을 공격하거나 먹은 후 가까스로 살아남는다 해도 다음부터 색이 화려한 동물은 피하려고 하겠지요.

## 하얀 동물은 모두 색소 결핍증일까?

색소 결핍증은 선천적인 돌연변이로, 멜라닌이 부족해 몸이 하얀색이에요. 눈동자의 혈관은 붉은색으로 보이지요. 대표적인 색소 결핍증인 동물은 흰토끼예요. 하지만 북극곰이나 북극여우는 색소 결핍증이 아니라 털의 색이 원래 흰색인 거예요.

난 알록달록 산호뱀이야.

독화살 개구리, 그게 나라고.

검은과부거미가 나란 거 알고 있지?

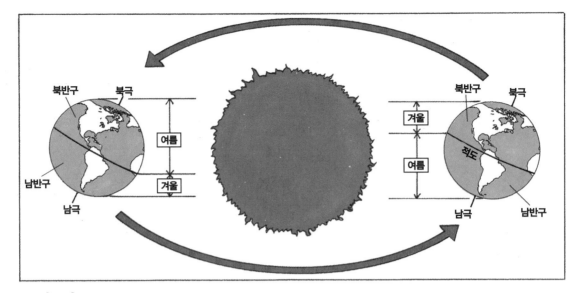

# 계절이 바뀌는 건 무엇 때문일까?

지구는 자전축을 중심으로 기울어진 채 태양 주위를 돌아요. 북반구가 태양 쪽으로 기울어져 있을 때, 북쪽은 길고 더운 여름인 반면 남쪽은 짧고 추운 겨울이겠지요. 태양의 다른 편에서는 위치가 바뀌어 북쪽이 겨울이 되고 남쪽은 여름이 되지요.

모든 나무가 잎의 색이 바뀌는 건 아니에요. 계절에 따라 색을 바꾸는 나무는 낙엽수, 사계절 내내 푸른 나무는 상록수라고 불러요. 어떤 나무가 어떤 성질을 갖는지는 사는 곳에 따라 달라져요. 서늘한 기후에서 가을에 색이 바뀌고 잎이 떨어지는 나무도 따뜻하고 습한 열대 지방으로 옮겨 놓으면 일 년 내내 푸른 잎이 무성할 수도 있다고 해요.

## 겨울잠이 무엇일까?

날씨가 춥고 먹이가 없을 때 에너지를 아끼는 방법이에요. 곰이나 다람쥐 같은 동물은 매년 겨울을 따뜻한 곳에 들어가 잠을 자면서 보내요. 겨울잠을 자면 체온은 낮아지고 몸의 모든 활동이 느려져 에너지를 적게 쓸 수 있어요.

## 눈덧신토끼와 들꿩은 봄가을에 뭘 할까?

겨울엔 다시 하얘져.

이 동물들은 겨울이 길고 눈이 많이 오는 지역에 살아요. 겨울이 가까워지면 몸이 갈색 점박이에서 하얀색으로 차츰 바뀌어 눈 속에서 잘 보이지 않게 돼요. 봄이 오면 다시 갈색으로 변하고요.

안녕 내년 봄에 만나.

## 나비는 겨울에 어디로 갈까?

날씨가 추워지기 시작하면 나비 대부분은 따뜻한 곳을 찾아 떠나요. 추운 지역에 그대로 머무르는 나비들은 알을 낳고 겨울잠을 자요. 알이 부화되면 고치에 싸인 애벌레 상태로 겨울을 나고, 나중에 나비가 되지요.

## 수컷 정원사새는
### 어떻게 짝을 찾을까?

멋진 집이 있는 내게 시집와요!

정원사새는 집과 정원을 짓고 꾸며 짝을 찾아요. 두 개의 막대기를 평행으로 놓아 벽을 만들고 조개껍데기, 조약돌, 유리 조각, 심지어 단추와 동전까지 주워 와서 예쁘게 꾸며요. 파란색 깃털은 가장 인기 있는 소품이랍니다.

러브는 싫어!

## 테니스에서 러브(love)는 왜 0점을 뜻할까?

테니스 선수가 지는 걸 좋아해서 그런 건 아니랍니다! 언어 차이 때문이에요. 테니스는 12~13세기쯤에 프랑스에서 시작되었어요. 프랑스 단어 중에 'l'oeuf'는 숫자 0을 뜻하는데, 1800년대 후반에 현대적인 테니스를 발명한 영국인이 그 말을 'luff'로 발음했고, 그게 나중에 'love'가 된 거예요.

## 서부 영화가 무엇일까?

개척기 미국 서부를 배경으로 총잡이와 주변 인물들이 중심이 되는 영화의 한 장르예요. 미국 영화 초창기에 대중적 인기를 얻은 이후 오늘날까지 변형된 형태로 남아 있어요. 서부 영화의 영웅들은 명예와 정의를 위해 악당과 싸워요. 최초의 서부 영화는 1903년에 만들어진 〈대열차강도〉예요. 대표적인 영화로 〈셰인〉(1953), 〈황야의 무법자〉(1964) 등이 있어요.

오늘도 총 쏘러 가?

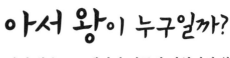

# 아서 왕이 누구일까?

아서 왕은 5~6세기경 영국의 전설적인 왕이에요. 영국을 위기에서 구한 영웅으로, 그의 뛰어난 활약과 기사도 정신, 모험이 서유럽 일대에 널리 전설로 남아 있지요. 바위에 꽂힌 명검 엑스칼리버를 뽑아낸 그의 비범함과 원탁의 기사 12명과 신의를 지킨 인간적인 모습은 영웅을 좋아하는 사람들에게 커다란 감동을 주었어요. 정말 존재한 인물인지는 확실하지 않지만, 역사 속에서 아서 왕으로 추정되는 몇몇 사람이 있다고 해요.

이 검은 내 것이다!

와우!

애들아, 다 모였니?

쿡쿡, 재밌다!

그러다 떨어질라!

# 한꺼번에 가장 많이 모이는 동물은?

알래스카 물개예요. 알래스카의 프리빌로프 제도 해안에는 매년 150만 마리의 알래스카 물개가 짝짓기를 하러 모여들지요. 북태평양에 사는 물개의 80퍼센트 이상이 이곳으로 와서 짝짓기를 한다고 해요.

# 만화책은 언제 생겨 났을까?

최초의 만화책은 1888년에 잡지 형식으로 출간된 《앨리 슬로퍼의 반나절 휴일》이에요. 이 만화책은 19세기 말의 영국 빅토리아 여왕 시대의 노동자를 모델로 했어요.

# 화석 연료가 무엇일까?

수백만 년 전에 살았던 생물이 땅속에 묻혀서 만들어진 연료예요. 천연 가스, 석탄, 석유 모두 화석 연료예요. 화석 연료는 만들어지는 데 오랜 시간이 걸리기 때문에 아껴 써야 자원이 고갈되지 않아요.

## 매머드는 어떤 동물일까?

약 480만 년 전부터 4000년 전까지 살았던 포유류로, 코가 길고 어금니가 4미터나 되었어요. 크기는 3~5.5미터 정도로, 코끼리로서는 중형이나 대형 부류에 들어요. 극심한 추위에도 견딜 수 있게 온몸이 털로 뒤덮여 있었지만 마지막 빙하기 때 멸종한 것으로 추정돼요. 구석기 시대 후기에는 인간들의 사냥 대상이 되었어요. 당시 동굴 벽화에 매머드 사냥 그림이 그려져 있답니다.

뭐가 들었을까?

## 호박은 어떻게 만들어질까?

굳지 않은 나뭇진에 곤충 등이 붙어 완전한 상태로 보존되면 호박이 돼요. 호박은 보석으로 여겨져 장식이나 장신구에 쓰이지만 광물은 아니에요. 호박이 되려면 보통 3000만~9000만 년 정도 걸려요. 안에 나뭇잎이나 작은 포유류가 들어 있는 것도 있어요.

# 흡혈박쥐는 정말 피를 먹을까?

날카로운 이빨로 적의 피부에 작은 상처를 내고 나오는 피를 핥아 먹는 거예요. 흡혈박쥐의 침 속에 있는 물질은 피가 멈추지 않도록 하면서 동시에 피부를 마비시켜서 희생되는 동물은 아무것도 느끼지 못해요. 다행히 사람을 공격하는 흡혈박쥐는 없어요.

네 피가 맛있겠어!

# 토케이 게코는 눈을 어떻게 씻을까?

혀로 핥아서 씻어요. 도마뱀의 일종으로 몸길이가 무려 30센티미터 가까이 되는 토케이 게코는 눈꺼풀이 없기 때문에 눈을 깜박일 수 없어요. 대신 혀로 핥아서 촉촉하고 깨끗하게 유지한답니다.

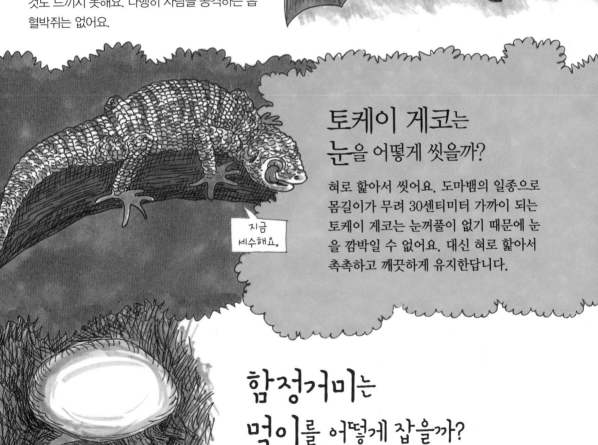

지금 세수해요.

# 함정거미는 먹이를 어떻게 잡을까?

함정거미는 뚜껑이 달린 통 모양의 집을 지어요. 배가 고프면 뚜껑 아래 숨어 있다가 가까이 오는 먹잇감을 붙잡아요. 이 함정은 함정거미가 다른 동물의 사냥감이 되는 것도 막아 주지요. 호주에 사는 함정거미는 독성이 매우 강하답니다.

어서 오세요!

# 클레오파트라가 누구일까?

클레오파트라 7세(기원전 69~기원전 30)는 이집트 프톨레마이오스 왕조 최후의 여왕이에요. 그녀는 18세에 여왕의 자리에 올랐으나 동생이자 남편이던 프톨레마이오스 13세의 반란으로 물러나 있다가 로마의 장군 카이사르 덕분에 다시 여왕 자리에 복위했어요. 이후 카이사르가 죽자 그의 후계자인 안토니우스와 결혼함으로써 이집트의 독립을 유지해 나갔어요. 악티움 해전에서 안토니우스가 옥타비아누스에게 패하자 독사로 가슴을 물게 해 스스로 목숨을 끊었지요. 아름다움의 대명사인 클레오파트라는 악녀의 이미지가 강하지만, 자신의 나라를 지키기 위해 한평생 노력한 총명한 여왕이었어요.

내 코가 조금만 낮았어도!

# 추수 감사절에 왜 칠면조를 먹을까?

추수 감사절은 미 대륙을 처음 밟은 영국 청교도들이 1621년 뉴잉글랜드 지방에서 첫 추수를 한 뒤 햇곡식과 칠면조 고기를 제물로 감사의 기도를 올린 데서 비롯되었다고 해요. 칠면조는 영국 청교도와 미국 인디언 모두에게 친숙한 재료이기도 하고, 가금류 중 가장 덩치가 크기 때문에 많은 사람들이 나눠 먹기도 좋지요. 이를 계기로 통째로 구운 칠면조는 지금까지 추수 감사절의 전통으로 이어지고 있어요.

좋은 생각이 아닌 것 같아.

이제 핫도그로 바꾸죠!

# 다리는 어떻게 만들까?

다리는 물을 건너거나 높은 곳과 높은 곳 사이를 연결해 주는 역할을 하지요. 커다란 차들이 빠른 속도로 많이 지나가도 무게를 지탱할 수 있도록 튼튼하게 만들어야 해요. 또한 센 물살이나 바람에도 견딜 수 있도록 많은 과학적인 계산을 통해 정밀하게 만든답니다. 물속에 다리 기둥을 세우려면 커다란 철판을 물속에 세워요. 그리고 철판 안에 들어 있는 물을 뺀 후 그 안에 금속으로 만든 말뚝을 박아요. 철판과 금속 말뚝 사이에 콘크리트를 부어서 단단하게 굳히면 물속에 튼튼한 다리 기둥을 세울 수 있답니다. 요즘은 다리의 종류도 많아졌을 뿐 아니라 더 아름답고 실용적으로 만들기 위해 노력한답니다.

### 다리의 종류

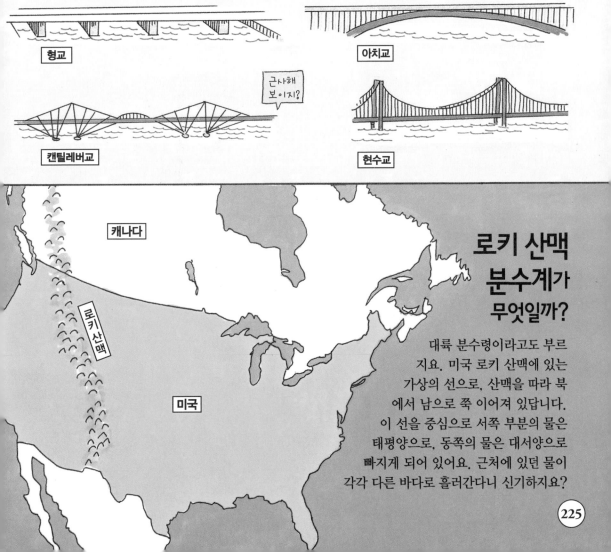

형교

아치교

근사해 보이지요?

캔틸레버교

현수교

# 로키 산맥 분수계가 무엇일까?

캐나다

로키 산맥

미국

대륙 분수령이라고도 부르지요. 미국 로키 산맥에 있는 가상의 선으로, 산맥을 따라 북에서 남으로 쭉 이어져 있답니다. 이 선을 중심으로 서쪽 부분의 물은 태평양으로, 동쪽의 물은 대서양으로 빠지게 되어 있어요. 근처에 있던 물이 각각 다른 바다로 흘러간다니 신기하지요?

## 영구 동토층이 녹으면
### 어떻게 될까?

영구 동토층이란 여름에도 얼어 있는 흙을 말해요. 알래스카나 시베리아처럼 극지방과 가까운 아주 추운 곳에서 볼 수 있어요.
영구 동토층 위에 건물을 지으면 문제가 생겨요. 건물과 땅이 맞닿은 곳에 열기가 전해져서 얼어 있는 땅을 녹이면 흙이 부드러워져 건물이 잠겨 버릴 테니까요.

## 절대 온도가
### 무엇일까?

이 세상에서 내려갈 수 있는 가장 낮은 온도예요. 모든 분자는 영하 273.15도에서 움직임이 정지되고, 그 이하의 온도는 존재하지 않는다고 해요. 이를 절대 0도라고 하고, 켈빈(K) 단위로 나타낸답니다. 1848년에 영국의 물리학자 켈빈이 만들었어요.

# 만연의 골짜기가 무엇일까?

알래스카의 카트마이 국립 공원과 보호 구역에 있어요. 역사에 기록된 가장 큰 화산 폭발이 1912년에 바로 이곳에서 일어났어요. 4년 뒤에 그곳에 갔던 방문객이 골짜기 바닥에 있는 수천 개의 분기공에서 나오는 연기를 발견해서 그런 이름이 붙었어요.

## 1811년 미국 뉴마드리드에 무슨 일이 있었을까?

1811년 12월 중순부터 1812년 3월까지 뉴마드리드에서 미국 역사상 가장 강력한 지진이 연달아 발생했어요. 이 지진으로 미국의 3분의 2가 흔들렸지요. 미시시피 강이 거꾸로 흐르고, 새로운 호수도 여러 개 생겨났답니다.

# 산안드레아스 단층이 무엇일까?

미국 캘리포니아 주에 있는 단층으로, 총 길이가 1,300킬로미터에 이르러요. 태평양 판과 북아메리카 판의 경계를 이루고 있지요. 1895년 지질학자 앤드루 로슨이 북캘리포니아 지역에서 단층이 있다는 것을 발견하고, 샌프란시스코 인근 호수의 이름을 따서 '산안드레아스'라는 이름을 붙였어요. 산안드레아스 단층의 활동 때문에 주변에서는 지진이 자주 발생해요.

캘리포니아 주

새크라멘토

샌프란시스코

산안드레아스
단층

북아메리카 판

태평양 판

로스앤젤레스

콜로라도 주

샌디에이고

톰 소여의 아버지라요.

## 마크 트웨인이 누구일까?

마크 트웨인(1835~1910)은 미국의 유명한 동화 작가로, 본명은 새뮤얼 클레멘스예요. 그가 지은 《톰 소여의 모험》과 《허클베리 핀의 모험》은 미국 소설 중 가장 유명한 작품이지요. 우리나라에서도 마크 트웨인의 모험 소설이 많은 사랑을 받고 있답니다.

## 노예 무역이 무엇일까?

노예를 상품으로 국가 사이에 거래하는 무역이에요. 중세부터 근대까지 주로 중동과 유럽에서 아프리카 흑인을 상대로 거래됐어요. 특히 15세기 중반에 포르투갈이 인도 항로를 개척하면서 서아프리카에 진출해 그 지역 원주민들을 노예로 끌고 온 후 본격화됐지요. 같은 사람을 사고파는 노예 무역은 가장 비인도적인 범죄 행위예요.

오즈를 만나러 가자!

## 《오즈의 마법사》는 어떤 동화일까?

L. 프랭크 바움이 1900년에 펴낸 《오즈의 마법사》는 캔자스 농장에 사는 도로시가 강아지 토토와 함께 회오리바람에 휩쓸려 '오즈'란 나라로 가서 겪는 모험담이에요. 뇌 없는 허수아비, 심장 없는 양철 나무꾼, 겁쟁이 사자와 함께 마법사 오즈를 찾아가지요. 《오즈의 마법사》는 영화, 만화, 공연 등 다양한 분야에서 새롭게 만들어졌어요.

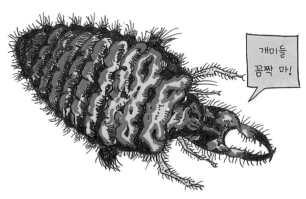

## 개미귀신이 무엇일까?

명주잠자릿과 곤충의 유충을 '개미귀신'이라고 불러요. 개미귀신은 모래밭에 고깔 모양으로 된 함정(개미지옥)을 만든 다음 그 속에서 먹이를 기다리다가 개미 등 작은 곤충이 빠지면 큰 턱으로 집어 체액을 빨아 먹어요. 생물학자들의 연구에 따르면 개미귀신은 6개월 동안 먹이를 먹지 않아도 살 수 있다고 해요.

## 벌새는 어떻게
### 날면서 먹을까?

벌새는 꽃의 달콤한 꿀을 먹고 살아요. 긴 부리를 꽃 안에 콕 박고 긴 혀로 꿀을 빨아 먹지요. 1초에 날개를 50~75번씩 저으면서 말이에요. 정지 상태가 유지되도록 날개를 계속 빠르게 퍼덕이지요. 반대로 걷는 능력은 거의 없고, 나무에 앉을 때만 발을 사용해요.

## 땅속에 사는 새도 있을까?

가시올빼미는 프레리도그나 땅다람쥐가 버린 동굴을 찾아서 살아요. 둥지에 침입자가 생기면 가시올빼미는 목에 힘을 주고 방울뱀처럼 소리를 내지요. 방울뱀도 땅속 구덩이에 살기 때문에, 침입자는 뱀인 줄 알고 도망친답니다. 가시올빼미는 다른 올빼미와는 다르게 낮에 활동해요.

# 하늘은 얼마나 높을까?

지구를 둘러싸고 있는 대기권은 높이에 따라 대류권, 성층권, 중간권, 열권으로 나뉘어요. 가장 높은 열권의 맨 위 높이는 약 1,000킬로미터예요. 대기권 위는 우주니까 지구에서의 하늘 높이는 약 1,000킬로미터예요. 공기 대부분은 대류권에 있고, 가장 높은 구름은 지상 16킬로미터 정도에 떠 있어요. 대류권에서 구름이 만들어지고 비가 오는 등 기상 현상이 일어난답니다.

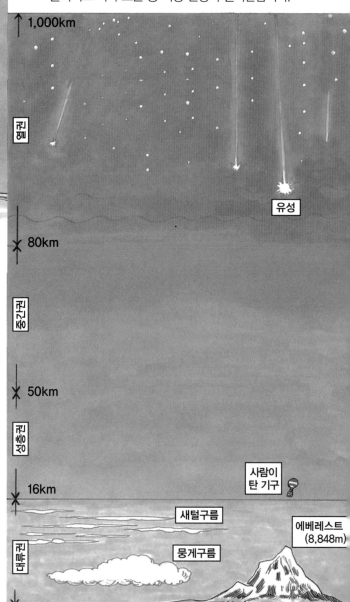

1,000km

열권

80km

중간권

50km

성층권

16km

대류권

유성

사람이 탄 기구

새털구름

에베레스트 (8,848m)

뭉게구름

죽은 세포가 안에 있단다.

# 나무의 세포는 모두 살아 있을까?

살아 있는 생명체는 다양한 세포로 이루어져 있어요. 동물을 이루고 있는 세포는 모두 살아 있지만, 나무는 그렇지 않아요. 나무는 자라면서 점점 몸이 굵어지지요. 이때 4~5년 이내에 새로 생긴 맨 바깥쪽 부분만 살아 있는 세포이고, 나무줄기 안쪽 부분은 죽은 세포예요. 죽은 세포는 새로운 세포로 바뀌지 않고 나무를 지탱해 주는 역할을 한답니다.

# 개미는 모두 몇 마리일까?

개미는 남극 외의 모든 대륙에서 찾아볼 수 있어요. 개미들은 여러 마리가 함께 모여 살기 때문에 더 많아 보이기도 해요. 하지만 누구도 개미를 세어 본 적은 없지요. 과학자들은 지구에 대략 1,000,000,000,000,000(1,000조)마리의 개미가 있다고 추측해요.

## 모래 늪에서 빠져나올 수 있을까?

빠져나올 수는 있지만 쉽지 않을 거예요. 모래 늪은 겉보기에는 단단하지만 사람 무게를 견디지 못해요. 모래 늪 안으로 빨려들어 가면 절대 당황해선 안 돼요. 몸부림칠수록 더 깊이 빠지기만 할 테니까요. 조심스럽게 움직이면서 단단한 땅을 찾아요. 아니면 배영으로 헤엄치듯 등을 대고 누워 누군가 꺼내 주기를 기다릴 수도 있어요.

## 어떤 꽃에서는 왜 고기 썩는 냄새가 날까?

자이언트 라플레시아, 시체꽃 같은 식물들은 파리를 통해 꽃가루를 옮기고 수정해요. 파리를 꼬이려면 이런 지독한 냄새를 피워야 한답니다. 사람에게는 고약한 냄새지만, 파리들은 무척 좋아하는 냄새랍니다.

# 뻐꾸기는 왜 둥지를 안 만들까?

뻐꾹!

어버이날에 꽃 달아 줘.

뻐꾸기는 다른 새의 둥지에 알을 낳는 습성이 있어요. 암컷 뻐꾸기는 원래 있던 알을 밀어 버리고 그 자리에 자기 알을 낳은 다음 떠나지요. 둥지 주인은 이 사실을 모르고 정성껏 알을 품고, 부화한 뒤에도 뻐꾸기를 자기 새끼처럼 키워요.

## 수리남두꺼비는 어디에 알을 품을까?

내 등에 새끼들이 있다!

수컷 두꺼비가 알을 수정해 암컷 두꺼비의 등에 눌러 붙여요. 암컷은 피부로 알을 감싸고 있다가 80일 후에 허물을 벗고 작은 두꺼비들을 물에 풀어놓지요.

## 해마도 다른 물고기처럼 헤엄칠까?

쉬고 싶은데, 꼭 필요할 땐 해초가 없다니까!

다른 물고기와 다르게 해마는 똑바로 서서 헤엄쳐요. 마치 벌새처럼 작은 아가미를 1초에 35번 정도 매우 빠르게 펄럭거리면서 앞으로 나아가지요. 물고기는 보통 헤엄칠 때 꼬리도 쓰는데, 해마의 길고 가느다란 꼬리는 손과 같은 역할을 해요. 잠시 멈춰서 쉬고 싶으면 근처에 있는 해초 같은 것에 꼬리를 감고 서 있어요.

# 누에나방은 어떻게 짝을 찾을까?

암컷 누에나방은 아주 적은 양의 향기를 내뿜어요. 실험에 따르면 그 물질의 분자 한 개만으로도 수컷 누에나방에게 암컷의 존재를 알릴 수 있다고 해요. 심지어 1.5킬로미터 떨어져 있어도 찾을 수 있대요.

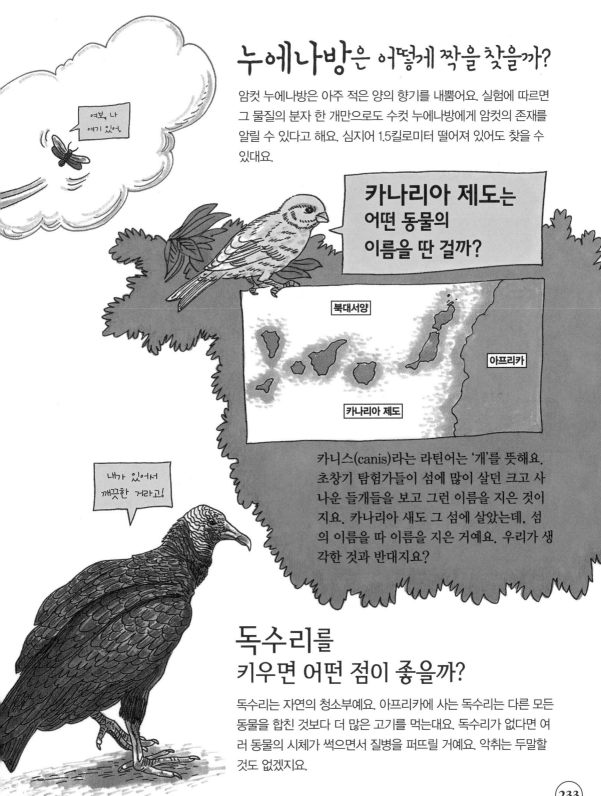

여보, 나 여기 있어.

## 카나리아 제도는 어떤 동물의 이름을 딴 걸까?

북대서양

아프리카

카나리아 제도

카니스(canis)라는 라틴어는 '개'를 뜻해요. 초창기 탐험가들이 섬에 많이 살던 크고 사나운 들개들을 보고 그런 이름을 지은 것이지요. 카나리아 새도 그 섬에 살았는데, 섬의 이름을 따 이름을 지은 거예요. 우리가 생각한 것과 반대지요?

내가 있어서 깨끗한 거라고!

# 독수리를 키우면 어떤 점이 좋을까?

독수리는 자연의 청소부예요. 아프리카에 사는 독수리는 다른 모든 동물을 합친 것보다 더 많은 고기를 먹는대요. 독수리가 없다면 여러 동물의 시체가 썩으면서 질병을 퍼뜨릴 거예요. 악취는 두말할 것도 없겠지요.

# 오리는 물보다 무거운데 왜 가라앉지 않을까?

오리는 공기를 깃털 사이에 가두고 폐에도 채워 놓기 때문에 몸을 물에 띄울 만큼 가볍게 만들 수 있어요. 먹이를 찾으러 물속으로 들어가고 싶으면 폐에서 공기를 내보내고 잠수해요. 또 오리의 털은 물에 젖지 않기 때문에 물에 더 쉽게 뜰 수 있지요.

# 파리는 왜 음식 위를 걸어 다닐까?

맛이 어떤지 알아보기 위해서예요. 집파리는 맛을 느끼는 기관이 발에 달려 있답니다. 파리는 액체밖에 먹을 수 없기 때문에 맛있는 것이 있으면 침을 묻혀 침 속에 음식이 녹아들게 해요. 그런 다음에 맛있게 마시지요.

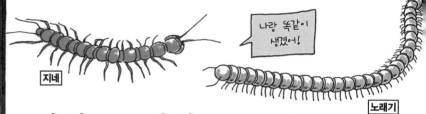

# 지네와 노래기는 뭐가 다를까?

가까이 들여다보면 지네는 제일 끝을 빼고는 체절마다 다리가 한 쌍씩 달려 있어요. 체절의 수에 따라 15~170쌍의 다리가 달린 것이지요. 반면 노래기는 처음 네 개를 제외하고는 체절마다 다리가 두 쌍씩 달려 있어요. 크기에 따라 다르지만 대략 100쌍 정도의 다리가 있어요. 또 한 가지 다른 점은 지네는 다른 곤충을 잡아먹고, 노래기는 풀만 먹어요.

# 네눈박이 물고기는 왜 눈이 많을까?

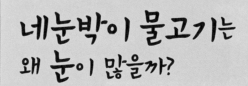

사실 눈은 두 개인데, 각각의 눈이 두 부분으로 나누어져 있어요. 이 물고기는 물 바로 아래에서 양쪽 눈의 반은 물 위로 내놓고, 반은 물속에 둬요. 물 아래 눈으로는 먹이를 찾고, 물 위의 눈으로는 물고기를 잡아먹는 바닷새를 경계하지요.

아무나 덤벼 봐!

# 코모도왕도마뱀이 무엇일까?

코모도왕도마뱀은 코모도 섬을 비롯해 인도네시아와 아시아의 몇 개 섬에서 살고, 도마뱀 중에서 가장 커다란 종이에요. 몸무게는 최대 150킬로그램, 길이는 3미터 정도예요. 몸집이 워낙 커서 염소를 통째로 먹을 수 있지요. 코모도왕도마뱀의 수명은 100년 정도예요.

쉿! 죽은 척하는 중이라고.

# 돼지코뱀과 주머니쥐를 왜 '동물 배우'라고 할까?

공격받으면 죽은 시늉을 하거든요! 대부분의 야생 동물은 죽은 먹이에 관심이 없기 때문이지요. 주머니쥐는 쿡쿡 찔러도 꼼짝도 하지 않고, 가만히 엎드려 있어요. 돼지코뱀은 배를 드러내고 누워서 혀를 입 밖으로 늘어뜨려요. 적이 사라지면 '배우'는 일어나서 총총 사라지지요.

# 오리너구리는 왜 평범한 포유류가 아닐까?

포유류는 대부분 새끼를 낳는데 바늘두더지와 오리너구리는 유일하게 알을 낳는 포유류예요. 더구나 오리너구리는 포유류 중에 유일하게 주둥이가 오리와 비슷해요. 오리너구리는 알이 부화하면 다른 포유류와 마찬가지로 젖을 주지만 젖꼭지는 없어요. 새끼들은 피부에서 천천히 흘러나오는 젖을 먹는답니다.

## 대왕오징어는 눈이 얼마나 클까?

엄청나게 커요. 지름이 40센티미터나 되니까, 커다란 피자만 한 거예요!
세상에서 제일 커다란 눈이지요. 하지만 얼마나 잘 보이는지는 아무도
모른답니다.

## 올빼미는 달빛이 밝아야 사냥할 수 있을까?

그렇지 않아요. 원숭이올빼미는 완전히 깜깜한 곳에서도 정확한 청각
능력만으로 먹잇감을 잡을 수 있어요. 북방올빼미는
눈이 쌓인 땅속의 굴에서 쥐가 움직이는
소리도 들을 수 있대요.

## 새끼 가자미의 한쪽 눈에 무슨 일이 생겼을까?

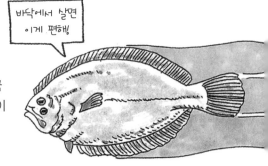

처음에는 다른 물고기처럼 머리 양쪽에 하나씩 눈이 있어요.
그런데 자라면서 한쪽 눈이 차츰 반대편으로 옮겨 가요. 결국
눈 두 개가 한쪽 머리에 몰리게 되는 거예요! 가자미는 어른이
되면 바다 바닥에 누워 눈을 치켜뜨고 일생을 보내요.

# 토끼는 왜 코를 씰룩거릴까?

주위의 냄새를 잘 맡기 위해서지요. 코를 계속
씰룩거리면서 공기의 냄새를 맡으니까 주위에
무서운 적이 있는지 금방 알 수가 있답니다.
만일 집토끼라면 주인 손에 당근이 있나 없나
알아보는 게 아닐까요?

먹이 냄새
난다! 씰룩!

우린 추운 곳에서도
잘 살고 있어!

# 호랑이는 모두
# 따뜻한 밀림에 살까?

추운 곳에 사는 호랑이도 있어요. 고양잇과 동물 중 가장 몸집이 큰 시베리아호랑이는 중국 북
부와 거의 일 년 내내 눈으로 덮여 있는 러시아 시베리아의 아무르−우수리 지역에 살아요. 백두
산 호랑이도 여기에 속하지요. 예전에는 우리나라에도 살았었는데 이제는 멸종되었고, 백두산
근처에만 몇 마리 살고 있다고 해요. 이 호랑이들은 지방층이 한 겹 더 있고, 겨울이 되면 털도
빽빽하게 나기 때문에 추위를 잘 견딜 수 있답니다.

# 새는 왜 잘 때도 가지에서 떨어지지 않을까?

나뭇가지에 다리를 걸치면 발가락의 근육이 자동으로 당겨져서 발톱이 나뭇가지를 감싸고 조여요. 그래서 제자리에 꼭 붙어 있게 되는 것이지요.

건드리지 마시오!

# 바위너구리의 가장 가까운 친척은?

외모를 보면 절대 믿을 수 없겠지만, 코끼리가 바위너구리의 친척이에요. 두 동물의 유전자가 비슷하다고 해요. 바위너구리는 토끼만 한데다 털도 많고 설치류같이 생겼답니다. 주로 아프리카와 중동 지역에 살아요.

코끼리가 내 사촌이야.

무겁지 않아요!

큰 부리 덕 좀 보고 있어요.

# 큰부리새는 부리가 큰데 어떻게 날까?

큰부리새의 부리는 매우 크지만 공기주머니로 가득 차 있어 무게는 별로 안 나가요. 커다란 부리 덕에 큰부리새는 나뭇가지에 앉은 채 고개를 기울여 열매를 따 먹을 수 있어요. 게다가 밀림의 나뭇잎을 헤치고 열매를 찾는 데 도움이 된답니다. 큰부리새는 밝은 색이라서 정글에 숨기 좋지요.

친구들, 안녕?

# 새끼 동물들은 왜 귀여울까?

다 큰 동물들은 새끼들의 커다란 눈을 보고 연약하고 보살핌이 필요한 대상임을 알아요. 동물들은 보통 자기 영역에 다른 동물이 들어오면 쫓아 버리는데, 특별한 표식이 있는 새끼 동물들은 쫓아 내지 않기도 해요.

우리 엄마 어디 있지?

# 비단뱀과 보아뱀은 먹이를 어떻게 죽일까?

숨 막히게 해서 먹이를 죽여요. 이런 뱀들은 먹잇감을 잡으면 온몸을 휘감고 먹잇감이 숨을 내쉴 때마다 꼭 조이지요. 잡힌 동물은 숨을 못 쉬어서 결국 죽고 말지요. 다른 뱀들은 입 안쪽으로 향한 날카로운 이빨로 먹이를 물기도 하고, 입을 크게 벌려 커다란 동물을 한 번에 삼키기도 해요. 뱀의 소화 기관에서는 삼킨 동물의 뼈까지 녹일 수 있는 위액이 나와요.

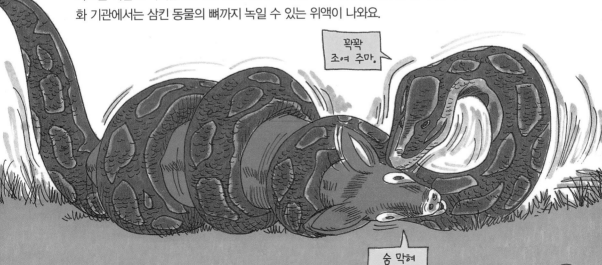

꽉꽉 조여 주마.

숨 막혀 죽겠어!

엄마~!

아가야, 엄마 여기 있어.

# 세상에서 가장 큰 알을 낳는 동물은?

공룡이 아니에요. 발견된 가장 큰 공룡 알은 멜론만 했어요. 뉴질랜드에 서식했던 모아 새의 알은 무려 수박만 했대요! 모아 새는 크기가 2미터가 넘을 정도로 컸고, 짧고 튼튼한 부리를 가지고 있었어요. 하지만 사람들이 너무 많이 잡아서 지금은 멸종되었지요.

# 가장 머리가 나쁜 공룡은?

과학자들이 몸의 크기에 비례하는 뇌 크기를 따져서 여러 공룡의 지능을 예상해 보았어요. 크기나 체중과 비교해서 뇌가 아주 작으면 똑똑하지 못할 거라는 사실을 바탕으로 해서요. 그래서 디플로도쿠스 같은 거대한 몸집의 용각류는 몸과 비교했을 때 뇌가 상당히 작았기 때문에 머리가 가장 나빴을 거라고 예상할 수 있었어요. 반대로 공룡들 중에 몸집은 좀 작았지만 상대적으로 뇌가 큰 트로오돈이 아마 가장 똑똑했을 거라고 추측해요.

내가 가장 똑똑해!

# 몸 전체가 조립된 공룡 골격은 언제 전시되었을까?

1858년 미국에서 하드로사우루스의 뼈가 전시되었어요. 하드로사우루스라는 이름은 '하돈필드의 도마뱀'이라는 뜻인데, 뉴저지 주의 하돈필드에서 공룡의 뼈를 발굴했기 때문에 붙여진 이름이에요. 처음으로 공룡의 전체 모습을 구성할 만큼 많은 뼈가 발견되었기 때문에 전시할 수 있었어요. 10년 뒤, 뼈를 맞추어 완성한 하드로사우루스의 표본은 필라델피아의 자연 과학 아카데미에 전시되었어요.

## 가장 작은 공룡 발자국은 어디에 있을까?

공룡 발자국 중 가장 작은 것은 캐나다의 노바스코샤에 있어요. 길이가 2.5센티미터밖에 안 되는 것으로 보아 아마도 새끼 육식 공룡의 흔적일 텐데, 아무리 공룡이라도 그렇게 크기가 작다면 손안에 쏙 들어오겠지요.

## '살아 있는 요새'라고 불리는 공룡은?

아니만타르크스는 안킬로사우루스의 일종인 노도사우루스류로, 뺨과 이마에 작은 뿔이 있어요. 안킬로사우루스는 몸이 매우 단단한 초식 공룡으로, 살아 있는 탱크라고도 불러요. 아니만타르크스의 이름은 1999년 지어졌는데 '살아 있는 요새'라는 뜻이에요.

# 퇴비의 좋은 점은 뭘까?

커피 찌꺼기, 달걀 껍데기, 바나나 껍질, 나뭇잎, 풀 등 여러 가지 유기 물질이 몇 달 동안 흙과 섞이게 두면 좋은 비료를 얻을 수 있어요. 그뿐 아니라 쓰레기 매립지로 갈 뻔한 것들이 다시 흙으로 돌아가니 더욱 좋지요.

우주 쓰레기통

# 방사능은 문제를 일으킬까? 문제를 해결할까?

둘 다 맞아요. 원자력 발전소에서 나오는 방사성 폐기물은 문제예요. 조심해서 폐기하지 않으면 생물에게 해를 끼치기 때문에 특수 용기에 담아 땅에 묻거나 따로 저장해야 해요. 그렇게 해도 방사성 폐기물이 새어 나와 공기나 물, 흙을 오염시키지 않을까 걱정하는 사람이 많아요. 하지만 방사능이 도움되는 면도 있어요. 예를 들면 의사들이 환자의 몸에 있는 암세포를 죽일 때 방사성 물질을 이용하거든요.

좋은 거야.

나쁜 거야.

# 우주에도 쓰레기가 있을까?

우주여행을 하려면 장비가 많이 필요해요. 우주 연락선과 위성은 증속 로켓, 빈 연료 탱크, 너트와 볼트, 페인트 칩 등을 우주에 남겨요. 이 우주 쓰레기가 지구의 대기에 닿아 타 버리기까지는 아주 오랜 세월이 걸리겠지요. 매년 수십 대의 로켓을 쏘는데, 이는 우주에 떠다니는 쓰레기도 그만큼 많아진다는 뜻이에요.

# 위험 물질이 무엇일까?

위험 물질이란 장난감, 옷, 컴퓨터, 자동차 등 갖가지 물건의 생산 과정에서 생기는 폐기물을 말해요. 접촉이나 마찰이 일어날 때 폭발, 질식, 전염 등 사람이나 동식물에 위험을 줄 수 있어요. 또한 환경을 파괴할 수도 있어요. 낡은 물감통, 건전지, 제초제 같은 가정용품도 위험 물질이 될 수 있으니까 조심하세요.

몸이 안 좋아. 감기 걸렸나?

# 건물이 아프기도 할까?

어떤 건물에서 살거나 근무하는 사람들이 동시에 아프기 시작한다면 '새집증후군(Sick Building Syndrome, SBS)'을 의심해야 해요. 증상은 두통, 눈이나 코, 식도의 따끔거림, 피로감 등이에요. 새집증후군을 일으키는 건물들은 대체로 환기가 잘되지 않아요. 심한 경우는 나쁜 화학 물질이 공기 중에 떠다니고 있어요. 이런 경우에 전문가들이 문제의 원인을 찾아서 건물을 '치료'해야 해요.

# 달팽이가 기는 속도는 얼마나 될까?

정말 빨리 움직이면 한 시간에 8미터를 갈 수 있어요. 달팽이는 한 다리로 기어요. 발에 있는 특별한 분비선에서 나오는 점액을 길에 칠하면서 앞으로 조금씩 나아가지요.

전속력으로 달리고 있어!

# 닭털을 다른 용도로 쓸 수 있을까?

내 털은 소중해!

과학자들은 지금까지 쓸모없는 것으로 여겨지던 닭털로 종이와 플라스틱을 만들 방법을 찾아냈어요. 얼마 안 있어 종이 타월, 절연재부터 자동차 계기판에까지 닭들이 판을 치게 될지도 몰라요!

# 위성 항법(GPS)이 무엇일까?

인공위성에서 보내는 신호로 현재 위치를 알아내는 것이에요. 사람들에게 위치를 알려 주기 위해 여러 대의 위성이 지구 주위를 돌고 있어요. GPS 수신기를 켜면 그 지역에 해당하는 위성에서 신호를 받아요. 그럼 현재 내가 어디에 있는지와 주변의 지리 정보를 알 수 있어요. GPS는 위치를 알려 주기도 하고, 지도를 만들거나 바다를 항해하는 배의 충돌을 막아 주는 등 아주 다양하게 쓰여요.

나도 길 잃었어!

길도 모르겠고 배까 고파요.

남동쪽으로 7미터 지점에 핫도그 가게 발견!

# 해파리와 감자를 교배하면 어떻게 될까?

물 줄 때가 되면 감자에서 빛이 날 거예요! 과학자들이 해파리에서 빛을 내는 형광 단백질을 추출해 감자의 세포에 넣었어요. 감자는 물이 필요해지자 형광 단백질을 활성화해서 노란색 빛을 냈어요. 밭에 모니터를 설치하면 빛을 감지해서 농부에게 신호를 보내고, 그럼 농부는 알맞은 때 물을 줄 수 있겠지요.

# 반려동물이 무엇일까?

반려동물은 집에서 사람과 함께 생활하는 동물이에요. 예전에는 애완동물이라고 불렀지만, 동물을 장난감이 아닌 친구로 생각하자는 의미에서 '반려'라는 단어를 쓰게 되었어요. 반려동물은 아주 다양해서 강아지나 고양이, 앵무새뿐 아니라 이구아나나 고슴도치, 전갈 같은 특이한 동물을 키우는 사람도 있어요.

# 극초음속 항공기는
## 어떻게 날까?

물에 던진 돌이 통통 튀면서 멀리 가는 모습을 본 적이 있지요? 이 비행기도 마치 그 돌처럼 지구의 가장 높은 대기층에서 넓은 간격으로 뛰어넘어서 날아요. 극초음속 항공기는 고도 30킬로미터에서 음속보다 열 배가량 빠르게 움직여서 샌프란시스코에서 도쿄까지 한 시간 반 만에 갈 수 있어요.

# 안개와 스모그는
## 어떻게 다를까?

안개는 지표 가까이에서 생겨 낮게 머무르는 구름이에요.
다양한 이유로 생기며 금방 사라질 때도 있고 오래 갈 때
도 있어요. 매연 속에서 생긴 안개를 '스모그'라고 불러요.
스모그는 입자가 많아 안개보다 짙어요. 자동차와 공장에
서 나오는 배기가스, 화재로 생긴 그을음도 대도시를 덮고
있는 스모그의 원인이에요.

# 몬순이 무엇일까?

일 년에 두 번, 각각 다른 방향으로 불어 건기와 우기를 만드는 바람이에요. 우기에는 남아시아
와 인도양 일대에 엄청나게 많은 비가 내려요. 인도의 체라푼지는 단시간 최고 강수량(48시간
동안 2,493밀리미터), 월평균 최고 강수량(9,296밀리미터), 연평균 최고 강수량(26,466밀리미
터) 기록을 모두 가지고 있어요.

# 바람은 얼마나 빠르게
## 불 수 있을까?

1999년 3월 오클라호마 중부를 강타한 토네이도가 시속 510킬로
미터로, 지구상에서 측정된 바람 중 가장 속도가 높아요.

# 화이트 아웃이 뭘까?

'화이트 아웃'은 낮은 구름과 심한 눈보라가 겹쳐서 주변이 온통 하얗게 보이는 현상으로, 겨울에 주로 나타나지요. 이 상태가 되면 어디가 하늘이고 어디가 땅인지 구분하기가 어렵고, 생각대로 움직이기 어려워진답니다. 만약 화이트 아웃 현상이 나타날 때에는 무리하게 움직이지 말고, 다시 앞이 잘 보일 때까지 기다리는 것이 좋아요. 화이트 아웃은 사람뿐만 아니라 동물들에게도 나타난대요.

# 모래바람이 무엇일까?

보통 사막 지역에서 건조한 땅이 극도로 뜨거워질 때 부는 회오리바람이에요. 따뜻한 공기가 위로 올라가면서 생기는 회오리 때문에 모래 먼지가 하늘로 끌려가는 것이지요.

# 세상에서 가장 높은 산은?

티베트와 네팔에 걸쳐 있는 히말라야 산맥의 에베레스트 산이에요. 높이가 8,848미터나 된답니다. 에베레스트 산은 이름이 다양해요. 네팔에서는 사가르마타, 티베트에서는 초모랑마라고 불러요. 1953년 에드먼드 힐러리와 텐징 노르가이가 최초로 정상에 올랐어요.

에베레스트

하루에 한 알!

## '비타민'이란 단어는 어떻게 생겼을까?

1912년 폴란드 출신의 생화학자 카지미르 풍크가 생명에 꼭 필요하다는 뜻으로 'vitamine'이라는 말을 만들었답니다. 풍크는 1915년에 미국으로 건너간 뒤에도 음식에 들어 있는 필수 요소 중 우리 신체에 꼭 필요한 것을 표현하는 데 '비타민'이라는 단어를 썼어요. 'e'는 나중에 떨어졌지요.

## 최초로 여성에게 선거권을 준 나라는?

1893년에 뉴질랜드에서 최초로 여성에게 선거권을 주었어요. 여성의 참정권을 위한 노력은 1848년 미국 뉴욕 주 세니커폴스에서 열린 여권협의회에서 시작되었고, 1900년까지 미국과 뉴질랜드, 영국 일부에서 어느 정도 성과를 거두었어요. 1920년에 수정 헌법 제19조가 통과된 이후 미국의 모든 여성들이 투표에 참여하게 되었어요. 우리나라는 첫 투표인 1948년부터 남녀평등에 입각해 여성이 투표에 참여할 수 있게 되었답니다.

제가 만들었지요.

## 최초의 대중적인 차는 무엇일까?

1908년 8월 12일, 미국 미시간 주 디트로이트의 공장에서 최초의 포드 모델T가 완성되었어요. 포드 자동차 회사의 설립자 헨리 포드는 강하고 튼튼한 자동차를 만들고 싶어서 단단하고 가벼운 강합금을 썼어요. 또 더 많은 사람들이 차를 살 수 있도록 생산 라인을 빠르게 움직여서 비용을 줄였답니다. 포드사가 내놓은 850달러의 모델T는 나오자마자 엄청난 인기를 얻었지요.

# 미국 대통령 케네디는
## 언제 **암살**당했을까?

1963년 11월 22일, 미국의 제35대
대통령 존 F. 케네디(1917~1963)와
아내 재클린은 순회 연설을 하러
텍사스 주 댈러스에 가 있었어요.
오후 12시 30분 오픈카를 타고 자동
차 행렬을 하고 있을 때, 총소리가 울렸
어요. 케네디는 놀란 부인의 눈앞에서 뒷
좌석으로 쓰러졌어요. 25분 후 파크랜드 병원
에서 46세의 대통령은 숨을 거두고 말았어요.
부통령이던 린든 B. 존슨이 얼마 동안 대통령직을
수행했어요.

# 비틀스가 누구일까?

엄청난 인기를 누린 영국
의 로큰롤 그룹이에요. 비
틀스는 네 명으로 존 레논,
폴 매카트니, 조지 해리슨,
링고 스타로 이루어졌지요.
그들이 가는 곳마다 수많은
팬들이 몰려들었어요. 공연
표가 매진되는 것은 물론,
내는 음반마다 엄청난 판매
량을 기록했어요. 밴드는
1970년에 해체했지만, 대중
음악에 끼친 이들의 영향력
은 오늘날까지도 생생히 살
아 있어요.

# 홀로코스트가 무엇일까?

제2차 세계 대전 중 독일 나치가 행한 유대 인 대학살이에요. 나치 독재자 아돌프 히틀러는 세계를 정복하기 위해 유대 인을 남김없이 없애 버릴 계획을 세웠어요. 남녀노소를 가리지 않고 유대 인을 잡아다가 수용소에 모아 놓고 힘든 일을 시켰어요. 수백만 명의 유대 인이 수용소와 그 밖의 장소에서 죽었어요. 독일군은 그 폭력적인 행위를 비밀리에 진행했지만, 전쟁이 막바지에 이르면서 동맹군이 수용소와 히틀러의 끔찍한 계획을 모두 알게 되었지요.

# 마틴 루서 킹이 누구일까?

마틴 루서 킹은 유명한 인권 운동가예요. 1963년 8월 28일 그는 워싱턴에서 20만 명의 시위대를 이끌고 백인과 동등한 권리를 주장하는 평화 행진을 했어요. 성격이 같은 시위 중에 워싱턴 역사상 가장 큰 규모였어요. 킹 목사는 "나에게는 꿈이 있습니다. 언젠가 이 나라가 모든 인간은 평등하게 태어났다는 것을 명백한 진실로 받아들이고, 그 진정한 의미를 신조로 살아가게 되는 날이 오리라는 꿈입니다."라는 연설로 군중과 전 세계 사람들에게 감동을 주었어요.

# 국제 연합(UN)이 무엇일까?

전쟁 방지와 평화를 위해 만든 국제기구로, 1945년 10월에 설립되었어요. 첫 회의는 1946년 1월 11일 영국 런던에서 열렸어요. 51개국의 대표자가 모여 본부를 어디에 둘지 의논했어요. 나중에 뉴욕으로 정해졌지요. 그들이 처음 해결한 문제는 이란과 소비에트 연방의 갈등이었는데, 두 나라가 전쟁을 치르지 않고 협상하도록 했어요. 그 후로도 UN은 계속해서 세계 평화를 위해 노력하고 있답니다.

# 철의 장막이 무엇일까?

1946년 당시 영국 총리 윈스턴 처칠이 연설 중에 한 말이에요. 처칠은 공산주의였던 동유럽과 민주주의인 서유럽 사이의 경계선을 보고 '철의 장막'으로 나누어진 것 같다고 풍자했어요. 영국, 프랑스 같은 민주주의 국가와 소비에트 연방이 이끄는 공산주의 국가 간의 사이가 더 멀어지는 것을 가리킨 것이지요. 이 말은 제2차 세계 대전이 끝난 뒤에도 여전히 사이가 좋지 않은 각 나라의 상태를 알리는 유명한 말이 되었답니다.

비키니 입는 것 자체가 모험이죠!

# 1946년에 화제를 불러일으킨 옷은 무엇일까?

1946년 7월 5일, 프랑스 파리에서 처음으로 비키니가 공개되었을 때, 사회적으로 굉장한 돌풍이 일었어요. 수영복이 나오기 나흘 전에 미국이 태평양의 비키니 섬에 원자 폭탄을 떨어뜨려 핵 실험을 했던 터라 프랑스 디자이너는 그 섬의 이름을 따서 이 작은 두 조각짜리 수영복을 '비키니'라고 불렀어요. 당시에 이 옷이 불러일으킨 폭발적인 반응을 생각한다면 썩 잘 어울리는 이름이지요.

# 피카소의 〈게르니카〉는 어떤 그림일까?

스페인 내전이 벌어지던 1937년, 나치가 폭격한 게르니카 마을의 사람들이 겪은 공포와 고통을 표현한 그림이에요. 공중에서 폭탄을 민간인에게 떨어뜨린 것은 역사상 처음 있는 일이었어요. 이 사고로 1,700명이 죽었어요. 파블로 피카소(1881~1973)는 독일군에 대한 극심한 분노를 이 그림으로 드러냈어요. 스페인 내전은 나치가 지원하는 반란군과 구소련이 지원하는 정부의 충돌이었어요. 결국 반란군이 정부를 무너뜨렸고, 전쟁이 휩쓸고 지나간 스페인은 황폐해졌지요.

## 기니피그는 왜 그런 이름으로 불리게 되었을까?

네덜란드 상인들이 이 동물을 네덜란드령 기아나(현재 독립 국가 수리남)에서 발견했는데, 내는 소리나 움직이는 모습이 돼지랑 비슷해서 '기아나 피그(기아나의 돼지)'라고 불렀어요. 시간이 지나면서 기니피그로 이름이 살짝 바뀌었지요.

## 별자리 이름은 누가 붙였을까?

약 5000년 전에 티그리스 강과 유프라테스 강 근처에 살던 유목민들은 무리 지어 있는 별들의 모양을 구별해서 이름을 붙였어요. 같은 별자리라도 문화에 따라 이름이 달라요. 주로 쓰는 이름, 예를 들어 안드로메다와 오리온 같은 이름은 그리스, 로마 신화의 인물에서 따온 거예요.

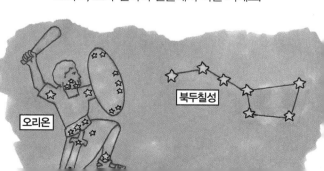

오리온

북두칠성

# 미사일이 무엇일까?

미사일은 원래 폭탄을
운반하던 로켓 이름이었어요.
제2차 세계 대전 중에 독일에서 본격적
으로 만들었지요. 이후 미사일은 성능이 좋아져
아주 멀리 있는 목표물까지 정확하게 맞히게 되었어요.
미사일은 대포에서 발사되는 포탄처럼 물체를 겨냥해 쏘는 것이 아니라
발사되고 나서도 속도와 방향을 조정할 수 있어요. 또 미사일은 고체 연료가 쓰이는
것과 액체 연료가 쓰이는 것으로 나뉘어요.

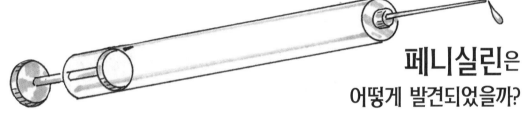

# 페니실린은
## 어떻게 발견되었을까?

스코틀랜드의 미생물학자 알렉산더 플레밍(1881~1955)은 사람에게 해롭지 않으면서 박테리아를 죽일 수 있는 물질을 찾고 있었어요. 1928년, 그는 배양 접시에 자라난 푸른곰팡이가 근처의 박테리아를 죽였다는 사실을 우연히 알게 되었어요. 그는 곰팡이에서 항균 작용을 하는 물질을 분리해 페니실린이란 이름을 붙였어요. 이 물질은 독성이 없으면서도 사람에게 해로운 많은 박테리아를 잡는 데 매우 쓸모 있는 것으로 증명됐어요. 그 후로 페니실린은 셀 수 없이 많은 생명을 구했지요.

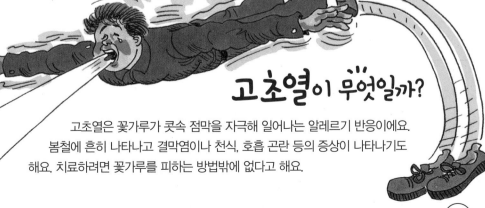

# 고초열이 무엇일까?

고초열은 꽃가루가 콧속 점막을 자극해 일어나는 알레르기 반응이에요.
봄철에 흔히 나타나고 결막염이나 천식, 호흡 곤란 등의 증상이 나타나기도
해요. 치료하려면 꽃가루를 피하는 방법밖에 없다고 해요.

# '슈퍼칼리프라질리스틱익스피알리도셔스'가 나오는 영화가 뭘까?

P. L. 트래버스의 동화를 각색한 디즈니의 뮤지컬 코미디 〈메리 포핀스〉(1964)예요. 줄리 앤드루스가 메리 포핀스 역을 맡았지요. '슈퍼칼리프라질리스틱익스피알리도셔스'는 보모 메리 포핀스가 외우는 행복해지는 주문이랍니다. 마법을 쓰는 보모와 아이들의 소동이 무척 재미있어요. 〈메리 포핀스〉에는 '슈퍼칼리프라질리스틱익스피알리도셔스' 외에도 인상적인 노래가 많이 나와요. 실사와 애니메이션을 섞어서 만든 이 작품은 아카데미 5개 부문을 수상했어요.

## 베트남 전쟁이 무엇일까?

베트남 전쟁은 프랑스의 식민지였던 베트남이 독립하기 위해 1946년에 전쟁을 선포하면서 시작되었어요. 이후 프랑스 군이 철수하면서 휴전이 되었지만, 남과 북으로 나뉜 베트남은 다시 미국 등 외국이 개입해 공산군과 대립하다가 1975년 공산군이 이기면서 싸움이 끝났어요. 우리나라 군인도 이 전쟁에 참전했답니다.

## 바다에는 소금이 얼마나 있을까?

정확한 양을 알 수 없지만 바다의 소금을 몽땅 꺼내서 고루 펼치면 그 높이가 150미터나 된대요! 하지만 모든 바닷물의 짠 정도가 똑같지는 않아요. 비가 많이 오는 곳은 바닷물에 있는 소금의 양이 적어요. 특히 강물이 들어오는 바다와 추운 곳의 바다가 소금의 양이 가장 적지요.

## 인어가 무엇일까?

저를 본 사람 있나요?

인어는 상반신은 사람의 몸이고, 하반신은 물고기의 몸처럼 생겼다고 전해지는 전설의 동물이에요. 인어에 대한 전설은 아주 많아요. 동양과 서양 모두 머리를 길게 늘어뜨린 미인으로 표현되지요. 예전부터 인어를 목격했다는 이야기는 많았지만 확실히 밝혀진 적은 없어요. 듀공이라는 포유류가 사람의 키보다 크고, 물 밖으로 나와 새끼에게 젖을 물리는 습관이 있어서 이것을 착각한 것이라는 이야기가 있고, 대서양에 사는 매너티를 멀리서 보고 착각한 것이라는 이야기도 있어요.

쿠스토 씨 고마워요!

## 자크 이브 쿠스토가 누구일까?

바다가 참 좋았어요.

자크 이브 쿠스토(1910~1997)는 프랑스의 해양 탐험가이자 해양 연구가예요. 그는 어렸을 때부터 물놀이를 무척이나 좋아해서 해군사관학교에 입학했지요. 성인이 되어서는 잠수 장비를 만드는 데에 집중했고, 그 결과 오랜 시간 바닷속에서 헤엄칠 수 있게 도와주는 스킨 스쿠버 장비를 만들어 냈어요. 또 해양 다큐멘터리 영화를 만들어서 대중에게 바닷속의 아름다움을 알리기도 했어요. 그는 일생 동안 바다를 누볐지요!

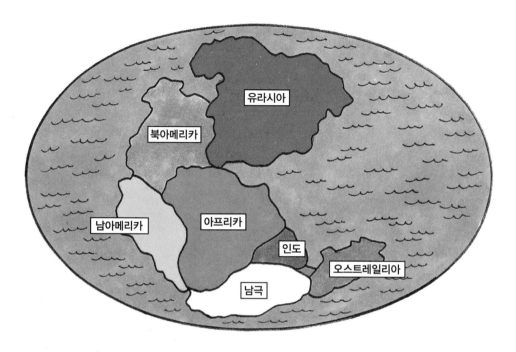

# 대륙은 늘 같은 위치에 있었을까?

대륙은 아주 천천히 계속 움직이고 있어요. 지각의 한 부분인 구조판이 움직이기 때문이지요. 1억 5000만 년 전에는 지금의 대륙들이 하나로 붙어 매우 커다란 '판게아' 대륙을 이루고 있었어요. 그런데 바다 밑바닥이 천천히 갈라지면서 대륙들을 따로 떼어 놓은 것이지요. 오늘날에도 커다란 여덟 개의 구조판은 일 년에 약 5~10센티미터씩 더 멀어지고 있어요.

# 파나마 운하가 무엇일까?

1913년 10월 9일, 다이너마이트가 마지막 둑을 무너뜨리자 물이 흐르면서 대서양과 태평양이 만났어요. 1914년 8월 15일 드디어 100년에 걸친 작업이 끝나고 파나마 운하가 완성됐어요. 파나마 운하 덕에 미국은 대서양에서 태평양으로 가는 데 걸리는 시간을 3분의 1로 줄일 수 있었지요.

# 분업을 처음으로 시도한 회사는?

헨리 포드의 자동차 회사예요. 포드사는 자동차 부품이 놓인 컨베이어 벨트가 노동자 앞에서 자동으로 움직이는 방식을 썼어요. 각 팀은 부품을 붙이거나 조이는 한 가지 일만 하고 그 작업이 끝나면 부품이 다음 팀으로 움직이는 거예요. 이것을 일을 나눠서 한다는 의미로 '분업'이라고 해요. 이렇게 해서 질은 높이고 가격은 낮춘 생산품을 소비자에게 판매할 수 있었어요. 포드사의 새로운 조립 방식은 생산 체계를 완전히 바꾸었어요.

# 찰리 채플린이 누구일까?

무성 영화 배우 찰리 채플린 (1889~1977)은 1914년 〈작은 방랑자〉에 처음으로 출연하면서부터 유명해지기 시작했어요. 중절모와 꽉 끼는 재킷, 너무 헐렁한 바지를 입은 우스꽝스러운 모습이었지요. 관객들은 그런 그를 매우 사랑했어요. 채플린은 많은 희극 영화에서 감독, 제작자, 극본가, 배우의 역할을 다 했어요. 나중에 만든 유성 영화에서는 배경 음악을 직접 작곡하기도 했지요.

와우! 보기만 해도 웃겨.

# 할리우드는 어떻게 세계 영화의 중심지가 되었을까?

최초의 영화 제작사는 뉴욕과 포트리, 뉴저지에 있었어요. 그러나 날씨 때문에 영화를 찍을 시간과 장소에 제약이 많았지요. 일 년 내내 쨍쨍한 캘리포니아의 태양을 찾아 서쪽으로 이동한 제작자들은 로스앤젤레스 외곽의 조그만 마을에서 촬영을 하기 시작했어요. 1911년에 처음으로 할리우드에 스튜디오가 생긴 이후, 한때 잠자던 도시는 '반짝거리는 도시'가 되어 세계적인 영화의 중심지로 발돋움했어요.

## 진시황릉 병마 용갱에
## 몇 명의 진흙 병사가 있었을까?

1975년에 중국 북부에서 1.5미터 깊이의 진흙 구덩이가 발견되었어요. 이 안에 사람 형상을 한 진흙 동상 6,000개가 전투 대형으로 늘어서 있었어요. 전문가들이 밝힌 바로는 이 형상들이 중국의 이름을 지은 황제 진시황의 통치 기간에 만들어졌다고 해요. 진시황 친위 군단의 모습을 하고 있는 병마 용갱의 병사 하나하나가 모두 훌륭한 예술 작품으로 평가받고 있답니다.

## 올림픽에서
## 처음으로 만점을 받은 선수는?

루마니아에서 온 14세의 자그마한 체조 선수 나디아 코마네치가 체조 역사상 최초로 10점 만점을 받았어요. 1976년 캐나다의 몬트리올에서 열린 올림픽 경기에서 그녀는 일곱 차례나 10점을 받고 이단 평행봉, 평균대, 개인 종합 세 부문에서 금메달을 땄어요. 키 153센티미터, 몸무게 39킬로그램의 가냘픈 소녀 코마네치는 몬트리올 올림픽의 가장 인기 있는 스타였지요.

저는 완벽을 추구해요.

## 진시황릉이 무엇일까?

진시황릉은 중국 최초의 황제인 진시황제(기원전 259~기원전 210)의 묘지예요. 진시황은 최초로 중국을 통일해 중앙 집권 체제를 마련했고 화폐와 도량형을 통일했으며 만리장성을 정비했어요. 하지만 독재적인 공포 정치를 했지요. 그의 무덤은 그가 황제로 즉위한 이후부터 짓기 시작해 약 70만 명이 동원되어 완성했어요. 진시황릉은 1987년에 병마 용갱과 함께 유네스코 세계 유산으로 등록되었어요.

R2-D2

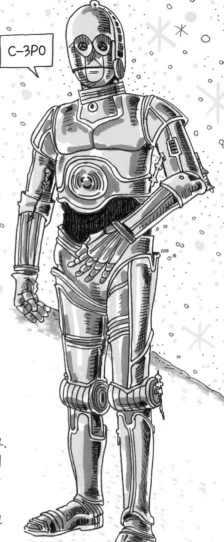

C-3PO

## 〈스타워즈〉에 출연한 두 개의 로봇은?

1977년 조지 루커스 감독의 블록버스터 영화 〈스타워즈〉에 R2-D2와 C-3PO라는 이름을 가진 로봇이 등장했어요. 이 영화는 선과 악의 대결이라는 전통적인 줄거리에 최첨단 기술을 적용했어요. C-3PO는 인간의 모습을 한 인간적인 로봇이고, R2-D2는 C-3PO와 함께 주인공을 도와 임무를 수행해요. 로봇들이 나오는 장면이 매우 재미있고 특별하답니다.

## 최초의 시험관 아기는 누구일까?

루이스

처음으로 사람의 몸이 아닌 곳에서 수정된 아기는 1978년 7월 25일 영국의 맨체스터에서 태어났답니다. 레슬리와 존 브라운 부부는 2.5킬로그램의 건강한 딸에게 '루이스'라는 이름을 붙여 주었어요. 시험관 아기는 엄마의 난자를 시험관에서 수정시킨 후 다시 자궁에 넣어 보통 아기처럼 자라게 하는 것이에요. 영국의 로버트 에드워즈 박사와 패트릭 스텝토는 이 체외 수정 기술로 아기를 갖기 어려운 부부들의 고통을 덜어 주었지요.

## 니켈로디온이 무엇일까?

이 여자 뒷자리는 피해야지!

절찬 상영중

미국 최초의 영화관이에요. 1905년 펜실베이니아 주 피츠버그에 처음 생겼어요. 보통 가게에 의자를 놓아 극장처럼 만들고, 당시 영화에 소리가 없었기 때문에 피아니스트가 옆에 앉아서 장면에 어울리는 곡을 연주했어요. 입장료가 5센트였는데, 미국에선 5센트짜리 동전을 '니켈'이라고도 해서 이런 이름으로 불리게 되었어요.

## 제시 오언스가 누구일까?

우사인 볼트, 덤벼봐!

제시 오언스(1913~1980)는 미국의 육상 선수예요. 일곱 개의 세계 신기록을 세우고 1936년 베를린 올림픽에서 100미터, 200미터, 400미터 계주, 멀리뛰기 종목에서 우승하여 4관왕을 달성한 뛰어난 선수였지요. 만일 우사인 볼트와 같은 시대에 태어났다면 둘 중 누가 이겼을까요?

백인들도 문제없어!

## 최초의 흑인 복싱 챔피언은?

1908년에 잭 존슨(1878~1946)이 처음으로 흑인 세계 헤비급 복싱 챔피언이 되었어요. 인종 차별이 심했던 100여 년 전, 존슨은 당시 세계 헤비급 챔피언인 캐나다의 토미 번즈에게 도전했어요. 번즈가 그의 도전을 받아들여서 최초의 흑백 대결이 이루어졌는데, 존슨은 링 위에서 번즈를 가볍게 이겼지요. 이에 백인들은 충격을 받고, 흑인들은 크게 환호했어요. 복싱 챔피언으로 승승장구하던 존슨은 백인 여성과의 결혼으로 논란이 되는 등 계속 인종 차별에 시달렸어요.

# 인디라 간디가
## 누구일까?

인디라 간디(1917~1984)는 인도 최초의 여성 총리예요. 인디라 간디는 12세부터 독립 운동에 참여하였고, 독립이 된 후에는 인도의 초대 총리였던 아버지 네루에게 정치가로서의 훈련을 받았어요. 그녀는 인도의 경제 안정에 힘을 썼지만, 너무 강압적인 정치를 한다는 이유로 한때 정치계를 떠나 있기도 했어요. 하지만 1980년에 총선거에서 다시 한 번 승리해 총리로 복귀했지요. 1984년에 시크교도인 경호원 세 명에게 암살당했어요.

## 스윙 댄스가
### 무엇일까?

스윙 댄스는 스윙 음악에 맞추어 즐기는 춤이에요. 1920~1940년대 스윙 형식의 재즈 음악과 함께 발전했어요. 잘 알려진 스윙 댄스로 찰스턴, 린디 합, 지터버그 등이 있답니다. 찰스턴은 빠른 템포로 된 음악에 양쪽 무릎을 붙인 채 발을 좌우로 번갈아 뛰면서 춤추지요.

## 세상에서
### 가장 고약한 냄새는?

세상에는 수천 가지의 냄새가 있는데, 무엇이 가장 나쁜지에 대한 의견은 다 달라요. 나쁜 냄새는 화학적 결합에 의해 생겨요. 에틸 메르캅탄 냄새를 맡는다면 절대 잊지 못할 거예요. 썩은 양배추와 마늘, 양파, 탄 빵, 하수구 냄새를 섞은 것 같은 냄새가 난다고 하니까요.

제가 따발총 그루초예요.

치코 막스

그루초 막스

하포 막스

# 막스 브러더스가 누구일까?

할리우드 코미디에 가장 큰 영향을 미친 뉴욕의 형제 재담꾼이에요. 치코, 하포, 그루초, 제포 등 네 명의 입담은 신선한 웃음을 주었어요. 그루초의 따발총 같은 말투, 치코의 어눌한 말투와 피아노 연주 솜씨, 하포의 제스처와 하프 연주 등이 어우러져 그들만의 매력을 뽐냈지요.

# 경제 대공황이 무엇일까?

1929년 10월 24일, 뉴욕 주식 시장이 크게 폭락하면서 경제가 힘들어지고 물건이 잘 안 팔리는 등 전 세계로 퍼진 경제적인 어려움을 뜻해요. 경제 대공황 때문에 수많은 기업들이 망하고, 많은 사람들이 일자리를 잃는 등 여러 가지 문제가 나타났어요.

# 빛이 프리즘을 통과하면 어떻게 될까?

빛은 각자 다른 길이의 파동으로 움직이는 작은 에너지 입자로 이루어져 있어요. 프리즘은 삼각기둥 모양의 투명한 물체인데, 빛을 휘게 하면서 무지개 색으로 분리해요. 하늘에 무지개가 뜨는 것도 물방울이 프리즘 역할을 하기 때문이에요.

## 디즈니의 〈증기선 윌리〉는 어떤 **영화**일까?

캐릭터가 말하고 음악에 맞춰 춤추도록 소리를 입힌 최초의 만화 영화예요. 만화의 주인공 미키 마우스의 목소리는 바로 월트 디즈니 자신이 직접 냈지요. 이 만화는 크게 성공을 거두었고, 그 후로도 디즈니의 회사는 사람들에게 사랑받는 작품을 많이 만들었어요.

## 절지동물이 무엇일까?

노래기

딱정벌레

게

절지동물은 뼈가 몸 밖에 있어요. 절지동물에는 곤충류와 거미류(거미, 전갈), 갑각류(가재, 게, 새우) 그리고 다족류(지네, 노래기) 등이 있지요. 뼈가 몸 안에 있는 다른 동물들과 달리 절지동물은 '외골격'이라고 하는 딱딱한 껍데기가 몸의 겉부분에 있어요. 이 껍데기는 부서지기 쉬운 내부 기관을 보호하고 지탱하는 역할을 한답니다.

난 거미.

지네

## 벌잡이새는 정말 벌을 잡아먹을까?

제가 좀 예쁘고 똑똑하지요.

벌잡이새는 깃털 빛깔이 무척 알록달록한 예쁜 새로, 주로 벌이나 곤충을 잡아먹고 살아요. 날카롭고 뾰족한 부리로 벌을 잽싸게 잡는 벌잡이새는 짝짓기하는 방법도 무척 특이하지요. 수컷이 암컷에게 벌을 선물하면 받아먹은 암컷이 허락의 의미로 머리를 숙여요. 그러면 짝짓기가 시작되지요. 벌 독을 빼기 위해 나뭇가지에 세게 문지르거나 부리로 강하게 누른 다음 먹을 줄 아는 무척 똑똑한 새이기도 해요.

내가 원조 아역 스타!

솜씨 좋죠?

# 셜리 템플이 누구일까?

셜리 템플(1928~2014)은 미국의 유명한 아역 스타였어요. 1932년 네 살의 나이에 영화배우로 데뷔해 1934년에 아카데미 특별상을 받을 만큼 엄청난 인기를 누렸어요. 1936~1938년까지 쟁쟁한 성인 스타들을 제치고 가장 흥행한 스타로 기록되기도 했지요. 그녀의 이름과 얼굴이 찍힌 상품들은 불티나게 팔려 나갔어요. 이른 나이에 배우 생활을 은퇴했지만, 유엔 주재 미국 대사 등 다양한 대외 활동을 계속했어요. 2006년에 사회에 공헌한 바를 인정받아 미국배우협회에서 평생 공로상을 받았어요.

## 네 번이나 당선된 대통령이 있을까?

이제는 두 번만!

네 번 반대!

네 번은 안 돼!

4선 금지

미국의 제32대 대통령인 프랭클린 루스벨트(1882~1945)예요. 그는 네 번 당선된 유일한 미국 대통령이지요. 1932년에 처음 당선되어 1936년, 1940년, 1944년에 연임되었어요. 재임 기간 동안 강력한 내각을 만들고, 경제 공황을 극복하기 위해 다양한 정책을 추진했어요. 제2차 세계 대전 중에는 연합국 회의에서 지도적 역할을 해 전쟁을 끝내는 데 많은 노력을 했어요. 지금은 미국 법으로 대통령직을 세 번 이상 수행할 수 없다는 것이 정해져 있답니다.

# 지르박이 무엇일까?

지르박(지터버그)은 스윙 음악에 맞춰 추는 춤이에요. 1930년대에 미국에서 처음 생겼지만 1940년대 들어서 유럽에 있던 미군들에 의해 크게 유행했어요. 여자 무용수는 팔랑팔랑한 치마에 접힌 양말과 가죽 단화를 신어요. 팔 아래로 빙그르르 도는 동작을 잘하려면 두 무용수 모두 운동 신경이 뛰어나야겠지요?

## 숫자 13은 왜 불길하다고 생각할까?

'13'이라는 숫자가 불행을 가져온다는 미신 때문이에요. 13에 대한 두려움은 예수와 제자들의 최후의 만찬에서 비롯되었어요. 12명의 제자와 저녁 식사를 함께한 예수는 몇 시간 후 십자가에 못 박혀 죽었어요. 최후의 만찬을 함께한 사람은 모두 13명이었지요. 그래서 13은 불길한 숫자가 되었고, 예수가 못 박혀 죽은 금요일까지 더해져 '13일의 금요일'은 두려운 날로 알려져 있지요.

## 훌라후프는 누가 만들었을까?

장난감 공장을 운영하던 미국의 루이 마크스는 1950년대 아프리카를 여행하던 중 그곳의 아이들이 나무 덩굴을 둥글게 만들어 허리에 끼고 빙빙 돌리는 것을 보았어요. 그는 이 놀이기구를 본떠 플라스틱으로 만들고 '훌라후프'라는 이름을 붙였지요. 훌라후프는 출시되자마자 전 세계에서 폭발적인 인기를 누렸답니다.

## 제2차 세계 대전은 어떻게 시작됐을까?

1939년 9월, 독일 총독 아돌프 히틀러가 폴란드를 침공함으로써 제2차 세계 대전을 선포했어요. 1940년 8월에는 독일군이 하루 평균 400대의 비행기를 보내서 영국의 비행장과 마을을 폭격하기 시작했어요. 그러나 영국 공군(RAF)은 당시 신기술이었던 레이더 추적을 활용해 공격을 잘 막아 냈어요. 영국의 빠른 항복을 기대했던 히틀러는 영국 침공을 포기해야만 했지요.

## 진주만 공격이 무엇일까?

1941년 12월 7일에 일본이 진주만에 있던 미국 태평양 함대 대부분을 부숴 버린 사건이에요. 이를 계기로 미국이 전쟁에 참여하게 되었지요. 다음 날 미국은 일본을 향해 전쟁을 선포하고 며칠 후 독일과 이탈리아가 미국을 상대로 전쟁을 벌였어요. 그래서 연합군(영국, 캐나다, 오스트레일리아, 뉴질랜드, 프랑스, 중국, 소비에트 연방, 미국)과 추축국(독일, 일본, 이탈리아)의 전쟁으로 확대되었답니다.

## 레닌그라드 봉쇄가 무엇일까?

1941년 9월, 독일군이 소련에서 두 번째로 큰 도시인 레닌그라드를 완전히 포위해 모든 보급을 막았어요. 배고픔과 질병, 추위로 67만 명가량의 사상자가 생겼지만, 소련은 레닌그라드를 포기하지 않았어요. 900일 가까이 지난 1944년 1월, 소련군이 레닌그라드에 침투해 독일군을 몰아내면서 레닌그라드 봉쇄가 끝났어요.

## 오버로드 작전이 무엇일까?

사상 최대의 상륙 작전인 '노르망디 상륙 작전'의 암호명이에요. 1944년 6월 6일, 프랑스 노르망디 해안에 17만 5,000명의 동맹군을 실은 함대가 도착했어요. 당황한 독일군은 해안을 지키려고 필사적으로 싸웠지만, 8월 말에 연합군이 승리하고 파리가 해방되었어요.

## 히로시마 원자 폭탄 투하가 무엇일까?

1945년 8월 6일은 최초로 원자 폭탄이 전쟁에 쓰인 날이었어요. 미국이 일본 히로시마에 원자 폭탄을 떨어뜨려 약 8만 명의 일본인이 사망했어요. 히로시마는 일본군의 사령부가 있는 기지였어요. 3일 뒤에는 두 번째 원자 폭탄이 나가사키에 떨어져 6만 5,000명이 죽었어요. 1945년 9월 2일, 일본이 공식적으로 항복했고, 이로써 제2차 세계 대전이 끝났지요.

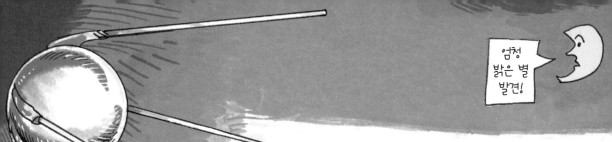

## 최초의 인공위성은
### 어디서 띄웠을까?

1957년 10월 4일, 소비에트 연방이 스푸트니크 1호를 띄워서 세계를 깜짝 놀라게 했어요. 지름 58센티미터, 무게가 83킬로그램으로 다음 해 미국이 띄운 위성 익스플로러보다 훨씬 무거웠어요. 스푸트니크 1호는 92일 동안 96분에 한 바퀴씩 지구를 돌면서 전파 신호를 보냈어요. 오늘날은 기상, 군사, 통신, 과학적 용도의 수많은 인공위성이 지구 주위를 돌고 있어요. 우리나라는 1992년에 세계에서 스물두 번째로 인공위성 '우리별 1호'를 띄웠답니다.

# 자동차극장은 언제 생겼을까?

자동차극장은 1933년에 미국 뉴저지 주 캠던에 처음 생겼어요. 하지만 1950년대 들어와 많은 사람들이 차를 가지게 된 후에야 유행하기 시작했지요. 자동차들이 줄지어 주차된 상태로 큰 화면을 보고, 소리는 차 안의 라디오 주파수를 맞추고 스피커를 통해 들어요. 1950년대 말에는 미국 전역에 4,000개가 넘는 자동차극장이 생겼어요. 우리나라에서는 1995년 엑스포 야외극장에 이어 경주에 자동차극장이 생긴 후 전국적으로 퍼져 나갔답니다.

# '수정의 밤'이 무엇일까?

1938년 11월 9일 밤, 아돌프 히틀러의 나치 대원들이 독일 전역에 있는 유대 인이 운영하는 가게 수천 곳에 침입해 건물을 부수고 물건을 가져갔어요. 그뿐 아니라 유대 인들을 때리고 죽이는가 하면 유대교 신전 수백 곳에 불을 질렀어요. 그날 밤, 깨진 상점의 유리 조각들이 반짝거리며 거리를 가득 메웠다고 해서 '수정의 밤'이라고 부르는 것이지요. 이날을 계기로 나치 대원들의 유대 인 말살 정책이 더 심해졌답니다.

## 나사가 뽑은 최초의 우주인 일곱 명은?

존 글렌, 고든 쿠퍼, 스콧 카펜터, 앨런 셰퍼드 주니어, 월터 쉬라, 거스 그리섬, 딕 슬레이턴이에요. 최초의 미국 우주인이 되려고 지원한 500명 중에서 뽑힌 사람들이지요. 1959년에 뽑힌 이들은 공군, 해군, 해병대의 시험 조종사였어요. 미국 항공 우주국(NASA)은 그들을 두고 다가오는 100년을 대비하는 무궁무진한 계획을 세웠어요.

우리가 뽑혔어요!

글렌   쿠퍼   카펜터   셰퍼드   쉬라   그리섬   슬레이턴

# 즉석카메라를 처음 만든 사람은?

폴라로이드사를 세운 에드윈 랜드는 1947년에 최초의 즉석카메라를 선보였어요. 흑백 사진기로, 60초 만에 인화되는 것이었어요. 1970년대에 이르러 더욱 발전된 즉석카메라는 컬러 사진을 찍을 수 있게 되고, 인화 시간도 50초 이내로 줄어들었어요.

# 전자레인지는 어떻게 발명됐을까?

연구실에서 일하던 미국의 공학자 퍼시 스펜서는 주머니에 있었던 사탕이 녹은 것을 보았어요. 그는 자신이 연구에 사용하던 초단파 신호가 사탕의 원자를 빠르게 움직여 원자가 서로 부딪치면서 발생한 열 때문에 사탕이 녹았다는 사실을 알았지요. 그 원리를 이용해 1945년에 전자레인지로 최초의 특허를 따냈답니다.

# LP는 언제 나왔을까?

1948년까지 레코드는 '셸락'이라는 천연 수지에 미세 점토를 섞어서 만들었고, 축음기 위에서 78rpm(분당 회전수)으로 재생되었어요. 쉽게 깨지고 한 면에 4분가량의 음악밖에 담지 못했지요. 1948년에 콜롬비아 레코드사가 비닐로 만든 레코드는 한 면에 25분가량의 음악이 들어가면서 음질도 좋고 더 튼튼했어요. 이때부터 레코드를 'LP(long playing microgrove record)'라고 불렀지요. LP는 카세트테이프(1963)와 CD(1982)가 나오기 전까지 널리 쓰였어요.

# 조 디마지오가 누구일까?

조 디마지오(1914~1999)는 미국의 유명한 프로 야구 선수예요.
그는 미국 야구 사상 최초로 1949년 연봉 10만 달러를 받았지요.
또한 1939년, 1941년, 1947년에 아메리칸 리그 MVP로 뽑혔어요.
그뿐 아니라 1941년에 56경기 연속 안타 기록을 세웠어요. 모든
선수 생활(1936~1951)을 뉴욕 양키스에서만 했던 디마지오는 세
련되고 단호하면서도 우아한 경기 스타일 때문에 많은 사랑을 받
았어요. 그는 마릴린 먼로의 전남편으로도 유명하지요.

# '세계에서 가장 훌륭한 운동선수'
## 라고 불린 사람은?

미국 원주민 제임스 프랜시스 소프(1887~1953)는 대학과 프로 리그에서
뛰어난 활동을 한 풋볼 선수이자 야구 선수, 육상 선수였어요. 그가 이런
명성을 얻게 된 것은 1912년 스웨덴 스톡홀름에서 열린 올림픽 때였어요.
짐 소프는 최초로 5종 경기와 10종 경기에서 모두 금메달을 차지했어요.
시상대에서 스웨덴의 왕은 소프에게 "당신은 세계에서 가장 위대한 스포
츠 선수입니다."라고 말했답니다.

# 중화 인민 공화국을
## 세운 사람은 누구일까?

마오쩌둥(1893~1976)은 중국의 혁명가이자 군인, 교육자, 정치가
예요. 초기 중국 공산당의 최고 지도자였으며, 당시 중국을 지배
하던 총통 장제스와의 긴 투쟁을 벌인 끝에 1949년 10월, 마침내
중화 인민 공화국의 설립을 선언했어요. 중국 공산당의 대표로서
그는 국가의 예술, 군사, 산업, 농업 정책 모두를 관리했지요.
마오쩌둥은 1959년에 주석 자리에서 물러났지만, 1976년 사망할
때까지 계속 나라를 다스렸어요.

# 워터게이트가 무엇일까?

1972년, 워싱턴 워터게이트 빌딩의 민주당 전국 위원회 사무실에 도청 장치를 설치하려던 남자 다섯 명이 경찰에 체포됐어요. 이를 수사하다 보니 당시 대통령이던 리처드 닉슨이 자기 쪽 사람들의 불법적인 행동을 숨기려고 했던 사실이 밝혀졌지요. 이 사건은 '워터게이트'라고 불리게 되었고, 닉슨 대통령 측의 선거 방해, 부정, 탈세 등이 드러났어요. 결국 닉슨 대통령은 1974년 8월 8일에 대통령직의 사퇴를 발표했어요.

쳐다보지 마세요!

홈런!

피융!

또 홈런!

내 거야!

행크 애런

# 홈런을 가장 많이 친 선수는?

1974년 4월 8일 미국의 야구 선수 행크 애런(1934~ )은 39년이나 깨지지 않았던 베이브 루스의 통산 714 홈런 기록과 동점이 되었고, 두 번째 타석에서 친 공이 바깥 담장을 넘어갔어요. 폭죽이 터지고, 사람들은 함성을 질렀어요. 애런은 1976년 은퇴하기 전까지 통산 755 홈런 기록을 남겼어요. 그리고 2007년 8월 7일 AT&T 파크에서 배리 본즈(1964~ )에 의해 33년 동안 이어졌던 기록이 또 한 번 깨졌어요. 본즈는 역대 최고의 홈런왕으로, 2007년 은퇴 전까지 통산 762개의 홈런을 쳤답니다.

곧
죽어요.

# 초신성이 무엇일까?

별은 많은 시간이 흐르면 폭발하면서 우주에서 사라져요.
이때 생기는 엄청난 에너지 때문에 아주 밝은 빛을 내지요.
그 빛을 '초신성'이라고 해요. 얼마나 밝은지 낮에도 볼 수 있어요.
그러니까 우리가 초신성을 보았다면 바로 별의 죽음을 본 거예요. 초신성은
몇 백 년에 한 번씩 발견될 만큼 대단히 드문 현상이라고 해요.

# 킬링 필드가 무엇일까?

킬링 필드는 '죽음의 뜰'이라는 의미예요. 캄보디아의 크메르 루주
정권 때 크메르 군에 의해 수천 명이 학살되어 매장된
곳이지요. 1975년 4월, 크메르 루주의 지도자인 폴
포트가 농민 천국을 건설한다며 정권을 잡았어요.
나라의 상황이 좋지 않았던 때였기 때문에 국민들은
새로운 지도자인 폴 포트를 환영했어요. 하지만 폴
포트는 돈과 개인 재산, 종교를 없앤다고 하며
엄청난 사람들을 죽였어요. 이 끔찍한 사건은
나중에 영화로 만들어지기도 했답니다.

# 세계 4대 테니스 대회가 무엇일까?

윔블턴, US 오픈, 프랑스 오픈, 호주 오픈이에요. 윔블턴
은 영국 대회로, 가장 오랜 역사를 자랑하며 잔디 코트에서
경기를 하지요. US 오픈은 미국에서 매년 9월에 개최돼요.
아스팔트나 콘크리트로 만든 하드 코트에서 진행되며 상금
이 가장 많은 대회이기도 하지요. 프랑스 오픈은 가장 권위
있는 클레이(점토) 코트 대회예요. 마지막으로 호주 오픈은
다른 대회보다는 규모가 작고, 하드 코트에서 이루어져요.

# 쿠바 미사일 위기가 무엇일까?

1962년 10월 한 주 동안 구소련과 미국 사이의 냉전 체제는 매우 심각한 상태였어요. 미국의 첩보기는 구소련이 플로리다에서 불과 145킬로미터 떨어진 쿠바에 핵미사일 기지를 짓는 것을 알아냈어요. 당시 대통령이던 존 F. 케네디는 해군에 쿠바 항구 봉쇄를 명령하고 미군을 비상 대기시켰어요. 미국인들은 당장이라도 핵전쟁이 일어날지 모른다는 두려움에 떨었어요. 10월 28일 마침내 구소련은 미사일 철거에 동의했고, 세계는 비로소 안도의 한숨을 쉬었지요.

## 석유 파동이 무엇일까?

원유 값이 급등해서 전 세계 나라들에게 큰 경제적 타격을 준 사건을 말해요. 1973년 10월 16일 페르시아 만의 6개 석유 수출국들이 원유 가격을 일방적으로 올리자, 다른 나라들은 분야별로 석유의 공급을 줄이고 국민들에게 에너지 절감 요청 등의 조치를 취했어요. 1979년에는 세계 석유 공급의 15퍼센트를 담당하던 이란이 석유의 수출 금지 조치를 취하며 두 번째 석유 파동이 일어났어요. 이후 세계 경제에 큰 변화가 생겼고, 석유를 대체할 에너지 개발에도 힘쓰고 있어요.

## '음악이 죽은 날'은 언제일까?

1959년 2월 3일이에요. 미국의 뮤지션 돈 맥클린의 〈아메리칸 파이〉 가사에 나오지요. 이날은 당시 미국의 음악계를 지배하던 로큰롤 뮤지션 버디 홀리, 리치 발렌스, J. P. 리처드슨이 비행기 사고로 사망한 날이에요. 많은 사람들이 그들의 죽음을 애도했어요.

예쁜 이 고마워!

# 이빨 요정이 무엇일까?

이를 뽑기 싫어하는 아이들을 위해서 만든 서양의 요정이랍니다. 뽑은 이를 베개 밑에 두면 이빨 요정이 와서 이는 가져가고 대신 약간의 돈을 두고 가지요. 이를 뽑는 힘든 일을 잘 참고 견뎌 냈다는 칭찬과 앞으로 남은 이도 잘 뽑으라는 격려의 의미겠지요. 우리나라에는 헌 이를 뽑아서 지붕 위로 던지면 까치가 새 이를 준다는 이야기가 있어요.

# 탈출 마술의 1인자는 누구일까?

헝가리 부다페스트에서 태어난 헝가리계 미국인 마술사이자 스턴트맨, 배우인 해리 후디니(1874~1926)랍니다. 후디니는 1900년부터 탈출 마술로 세계적인 명성을 얻었어요. 그는 손 발에 수갑과 족쇄를 채우고 강물로 뛰어들어도, 도난 방지용 은행 금고에 들어가도 당당히 걸어서 나왔지요. 어떤 방법을 써도 쉽게 탈출하는 탈출 묘기의 대가였어요.

# 아기 때 왜 이가 빠질까?

더 크고 튼튼한 이가 나오기 때문이에요. 아기들은 몸이 커지면서 입도 함께 커져요. 아기 때 이를 '젖니'라고 해요. 젖니가 빠질 때가 되면 화학 물질이 나와 이뿌리를 녹여요. 그러면 점점 흔들거리다 빠지는 거예요. 이제 다 큰 이인 '영구치'가 나올 자리가 생겼어요!

# 알래스카 원유 유출 사고가 무엇일까?

1989년 3월 24일, 기름을 잔뜩 실은 배 엑손 발데즈 호가 알래스카 만의 해협 프린스 윌리엄 사운드에서 좌초했어요. 기름 4,200만 리터가 쏟아지면서 수백 킬로미터의 해안을 검게 물들였지요. 죽은 새와 물고기들이 해안으로 떠밀려 왔고, 알래스카의 어업은 큰 손실을 입었어요. 엑손사는 오염된 부분을 깨끗이 되돌려 놓겠다고 했지만 알래스카는 직원과 선박을 잘 감독하지 못한 책임을 물어 엑손사를 고소했어요. 결국 5억 달러를 배상했지요. 2010년에 일어난 멕시코 만 원유 유출 사고는 알래스카 원유 유출 사고보다 훨씬 심각했어요. 기름이 흘러 바다가 오염되면 해양계가 훼손될 뿐 아니라 복구에도 오랜 시간이 걸린답니다.

# 영국 왕 에드워드 8세는 왜 왕위를 포기했을까?

미국 출신 이혼녀 월리스 심프슨과 결혼하기 위해서였어요. 미국 정부와 교회는 영국 왕이 그녀와 결혼하지 못하도록 엄청난 압력을 가했어요. 1936년 12월 11일, 라디오 방송을 통해 에드워드 8세는 그녀 없이 국왕의 역할을 할 수 없다고 말해 온 나라를 충격에 빠뜨렸지요. 그는 동생 조지 6세에게 왕좌를 넘겨주었어요.

# 톈안먼 사태가 무엇일까?

1989년 봄, 중국 베이징의 톈안먼 광장에 학생들이 모여 민주화 시위를 했어요. 정부는 이를 막으려고 군대를 동원했어요. 6월 4일 아침에는 광장으로 탱크가 밀고 들어오더니 곧 군인들이 시민들을 공격해서 대략 5,000명이 죽고 1만 명이 다쳤어요. 이 학살 사건은 전 세계에 알려져 비난을 샀지만, 중국 정부는 지금도 그 일 자체를 부정해요.

**1986년에 100세가 된 유명한 여인은?**

1886년 10월 28일 미국이 프랑스로부터 선물받은 자유의 여신상이지요. 미국인들은 1986년 7월 4일에 여신상의 100번째 생일을 기념하기로 했어요. 그날 32도의 무더운 날씨에도 보수된 자유의 여신상을 보기 위해 많은 사람들이 몰려들었어요. 배들의 뉴욕항 퍼레이드와 화려한 불꽃놀이 등 다양한 기념행사가 열렸어요.

## 1987년 천문학적인 가격 5,300만 달러에 팔린 그림은?

빈센트 반 고흐(1853~1890)의 〈붓꽃〉이에요. 호주의 사업가 앨런 본드가 그림 한 점에 이렇게 엄청난 돈을 쓰는 것을 보고 미술계도 술렁였지요. 살아 있었더라면 반 고흐 자신도 놀랐을 거예요. 그는 생전에 딱 한 점의 그림밖에 팔지 못했는데 오히려 죽은 후에 인기가 올라갔지요. 1980년대에는 그의 생생하고 아름다운 그림을 보려고 많은 사람들이 박물관을 찾았어요.

## 1989년에 무너진 상징적인 장벽은?

베를린을 동과 서로 가르던 베를린 장벽이 무너지던 1989년 11월, 많은 독일인은 기쁨의 눈물을 흘렸어요. 2년 전인 1987년 미국 대통령 로널드 레이건과 구소련의 대통령 미하일 고르바초프는 서로를 겨누는 핵무기의 수를 줄이고 동서 연합의 긴장을 늦추기로 합의했어요. 동독과 서독은 분단된 지 41년 만인 1990년에 통일되었어요.

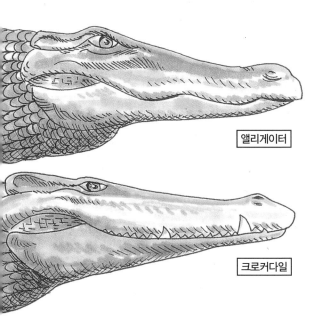

앨리게이터

크로커다일

# 앨리게이터와
# 크로커다일은 뭐가 다를까?

둘 다 우리에게는 그냥 악어지만 조금 차이가
있어요. 앨리게이터는 주둥이가 둥글고 넓은
반면 크로커다일은 좁고 뾰족해요. 또 앨리게
이터는 입을 다물면 이빨이 보이지 않지만,
크로커다일은 입을 꼭 다물어도 아랫이빨이
밖으로 드러나지요.

# 반달가슴곰은 왜
## 사라지고 있을까?

앞가슴에 반달 모양의 흰 무늬가 있는 반달가슴곰은 1급 멸종
위기 동물이에요. 사람들이 산의 나무를 너무 많이 베어서 반달
가슴곰의 보금자리가 사라졌어요. 또 곰의 쓸개인 웅담이 사람
몸에 좋다는 이유로 반달가슴곰을 마구 잡았지요. 환경 오염도
반달가슴곰이 줄어든 원인이에요. 우리나라는 반달가슴곰을
천연기념물 제329호로 지정하고, 2001년부터 지리산에서
반달가슴곰을 보호하기 위해 노력하고 있답니다.

나를
지켜 주세요.

우리가
원하는 것은
자유로운 삶이다!

# 시팅 불이 누구일까?

시팅 불(1831~1890)은 약탈자들에게서 민족의 땅을 지
키기 위해 싸운 인디언 수우 족의 추장이에요. 관대함과
용기, 저항 정신으로 인디언의 상징이 되었어요. 그는
1876년에 약 2,000명의 전사를 지휘해 리틀 빅혼 전투
에서 승리했지만 결국 굶주림 때문에 투항했어요.

# 생일에는 왜 케이크에 촛불을 켤까?

고대 사람들은 연기에 소원을 빌면 그 연기가 신에게 전해져 소원이 이루어진다고 믿었어요. 이것이 중세 독일에서 생일을 맞은 아이에게 아침에 촛불 켠 케이크를 선물하는 '킨테 페스테'란 풍습으로 이어졌지요. 한 번 켠 촛불은 온 가족이 케이크를 먹을 때까지 계속 켜 놓았다고 해요. 이 풍습이 지금까지도 전해져서 생일이 되면 케이크에 촛불을 켜고 축하하는 것이랍니다.

## 셀로판은 어떻게 발명됐을까?

1912년에 스위스의 화학자인 자크 브란덴버거가 우연히 발견했어요. 그는 얼룩이 생기지 않는 식탁보를 만들고 싶어 하던 중에 우연히 비스코스('셀룰로스'라는 식물 섬유에서 추출한 적갈색의 끈적이는 용액)를 식탁보에 쏟았어요. 브란덴버거는 이 물질이 얇고 투명한 종이로 변해 식탁보에서 벗겨 낼 수 있다는 사실을 알게 되었어요. 유용한 가정용품을 만들려고 하다 훌륭한 발명을 한 셈이지요.

## 기술 발전이 사람들의 삶을 어떻게 바꾸었을까?

새로운 기술 덕에 아주 멀리 떨어져 있는 사람들끼리도 빠르고 쉽게 연락할 수 있게 되었어요. 전화기는 무선에 작고 가벼우며 기능이 많아졌어요. 컴퓨터도 좋아졌고요. 위성이 대규모의 통신망을 구축해 전화, 컴퓨터, 팩스 중 하나만 있어도 세계 어디에서든 대화하고 그림을 보낼 수 있게 되었어요. 그래서 '재택 근무'라는 새로운 방식도 생겼어요. 직원들은 수천 킬로미터 밖에서도 회의에 참여하고, 환자를 보고, 손님을 맞을 수 있게 되었어요.

# 국제 우주 정거장은 무엇일까?

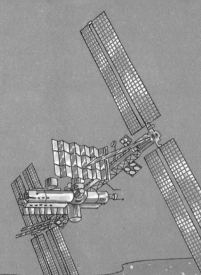

이름 그대로 국제 공동의 우주 정거장이에요. 1998년부터 건설이 시작 됐지요. 미국, 캐나다, 러시아, 일본, 브라질과 유럽 11개국이 만들고 투자했어요. 우주 도시에 영구적인 연구 단지가 궤도를 돌면서 과학자와 기술자, 사업가 등에게 많은 도움을 주고 있어요.

# 배트맨은 어떻게 탄생했을까?

만화가 밥 케인(1915~1998)이 18세에 만든 슈퍼 영웅 이름은 버드맨이었어요. 하지만 1939년, 만화 잡지 〈디텍티브 코믹스〉 5월호에 등장하면서 이름을 '배트맨'으로 바꾸었지요. 배트맨은 검은 망토와 가면을 쓰고 박쥐처럼 날아 다니며 어두운 고담 시의 악당들을 물리치는 영웅이에요. 케인은 만화에 영화 스타일의 각도를 처음 도입해 으스스하고 어둠침침한 분위기를 만들었어요. 1939년부터 지금까지 케인이 만든 배트맨은 영화, 라디오, TV 시리즈 등에 등장해 큰 인기를 얻었지요.

# 최초로 복제된 동물은?

'돌리'라는 이름의 암양이에요. 복제는 살아 있는 생물과 유전적으로 똑같은 생물을 만들어 내는 거예요. 1996년 7월에 태어난 돌리는 다 자란 동물의 세포 조직으로 만든 최초의 포유류랍니다. 스코틀랜드의 과학자 이언 윌머트 박사 팀은 어른 양에서 평범한 배아 세포를 뽑아 세포핵을 제거하고 빈자리에 다른 양의 젖샘에서 뽑은 세포를 넣었어요. 쉽게 말하면 동물을 아주 맨 처음부터 키우기 시작한 거예요.

똑같지?

## 월드 와이드 웹(WWW)이 무엇일까?

월드 와이드 웹은 인터넷의 핵심 요소로 산업체와 기관, 개인을 모두 연결해 주는 광대한 컴퓨터 네트워크예요. 컴퓨터와 모뎀만 있으면 누구든 웹에 접속할 수 있어요. 월드 와이드 웹은 수없이 많은 정보를 소리, 그림, 영상과 함께 제공해요. 사용자들은 이메일을 통해 서로 연락할 수도 있지요.

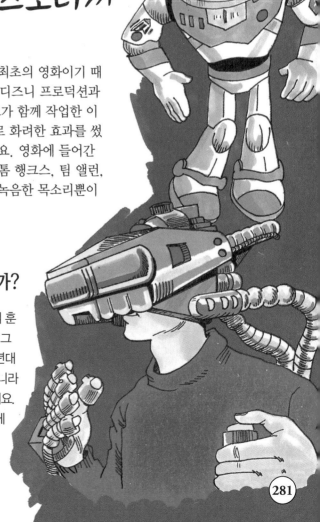

컴퓨터로 다 만들었어.

## 영화 <토이 스토리>가 특별한 이유는?

모든 작업을 컴퓨터로 한 최초의 영화이기 때문이지요. 1995년에 월트 디즈니 프로덕션과 픽사 애니메이션 스튜디오가 함께 작업한 이 영화는 정교한 최신 기술로 화려한 효과를 썼고, 실제처럼 묘사해 냈어요. 영화에 들어간 유일한 '인간적'인 요소는 톰 행크스, 팀 앨런, 돈 리클스 같은 스타들이 녹음한 목소리뿐이랍니다.

## 가상 현실을 어떻게 이용할까?

가상 현실 기술은 1960년대 나사(NASA)가 조종사의 훈련 과정에 비행 모의 실험을 하면서 처음 도입했고, 그 후 미군이 컴퓨터 형상화를 더 발전시켰어요. 1990년대 들어서는 가상 현실이 미군, 우주 비행사 훈련뿐 아니라 의대생 수술 실습이나 의학 실험에도 쓰이게 되었어요. 또 가상 현실은 컴퓨터와 비디오 게임 등 대중문화에서도 유행하기 시작했어요. 건축가, 광고인, 그 밖의 많은 직업에서도 유용하게 사용되고 있어요.

# 찾아보기

동식물

동물과 식물,
공룡에 관한 호기심

## 발명 발견

발명과 발견의
유래에 관한 호기심

## 상식

문화·예술·스포츠
등에 관한 호기심

세계
지리

**세계 각 지역과 건축물에 관한 호기심**

## 우주

### 태양계와 우주 공간에 관한 호기심

## 역사

### 인류의 역사와 문명에 관한 호기심

## 원리

### 사물의 특성과 원리에 관한 호기심

## 인물

위인이나 화제 인물의
삶에 관한 호기심

## 인체

인간의 몸과
생명에 관한 호기심

## 지구 과학

**지구의 자연물과 기후에 관한 호기심**

초등 필수 백과를 다 보다니, 흑흑!

**개정 1판 1쇄** 2022년 11월 15일
**1판 9쇄** 2025년 2월 15일

**발행인** 김진용
**발행처** (주)삼성출판사
**등록번호** 제1-276호
**주소** 서울시 서초구 명달로 94
**문의 전화** 080-470-3000
**홈페이지** www.mylittletiger.co.kr

## The Biggest Book Of Question & Answers

Text by Jane Parker Resnick, Rebecca L. Grambo & Tony Tallarico
Illustration by Tony Tallarico
Copyright ⓒ 2006, 2009, 2010 Kidsbooks LLC and Tony Tallarico
Korean translation copyright ⓒ 2011 by Samsung Publishing Co., Ltd.
All right reserved.
This edition published by arrangement with Kidsbooks LLC through Shinwon Agency Co.

ISBN 978-89-15-99987-9